Das Va

Meditationen und Körperübungen zum kosmischen Jesusgebet

Aus dem Aramäischen übertragen und kommentiert von Neil Douglas-Klotz

Ins Deutsche übersetzt von Gita Onnen und Eva Ploes

Knaur
MensSana

Für Khalida, die mich Ausdauer lehrt.

»Gesegnet sind die, die zu jeder Jahreszeit Frieden pflanzen.«

Inhalt

Danksagung

Zusätzlich zu denen, die ich in der Einleitung erwähne, geht mein Dank an viele Freunde, Studenten, Lehrer und Mitarbeiter, die mich im Laufe der Jahre bei meinem Projekt ermutigt haben. Darin sind eingeschlossen: Matthew Fox sowie die Studenten und die Fakultät des Institutes für Kultur und Schöpfungs-Spiritualität in Oakland, Kalifornien, Murshida Vera J. Corda, Br. Joseph Kilikevice, O. P., Murshid Moineddin Jablonski, Pir Vilayat Khan, die verstorbene Frida Waterhouse, Jodean Johnson, Violetta Reiser, Zamyat Kirby, Tasnim Fernandez und viele andere. Mein besonderer Dank geht an die Vedanta Society in San Francisco und die Mönche ihres ländlichen Retreat-Zentrums, dafür daß sie die heilige Atmosphäre der Natur bereitstellen und bewahren, in der diese Arbeit fertiggestellt werden konnte.

Vorwort

Sieh dich vor, Leser(in): Obwohl dieses Buch kurz ist, enthält es die Saat einer Revolution.

Wer versteht, was bei einem Paradigmenwechsel auf dem Spiel steht, wird sofort die Kraft in diesem kleinen Buch begreifen. Paradigmenwechsel erfordern eine neue Brille, durch die wir unsere ererbten Schätze auf neue Art anschauen. Wie alle Übersetzungen unserer Mystiker geprägt sind durch die Ideologie oder Weltanschauung des Übersetzers, so auch die Übersetzungen unserer Bibel. Diejenigen, die eine Kosmologie und die damit einhergehende Mystik verloren haben, werden sich dieser Tatsache kaum bewußt sein, wenn sie die Bibel für uns übersetzen.

Außerdem soll die Bibel mit dem Herzen erfahren und nicht nur mit dem Kopf studiert werden. Dies lehrten uns die Mönche der alten Zeiten, indem sie die Bibel täglich sangen. Das heutige Bibelstudium fördert die Studenten überwiegend im Kopfwissen und tut nur wenig dazu, die Herzenserfahrung zu bereichern. Nachdem die Mystik seit drei Jahrhunderten aus unserem akademischen Leben verbannt ist, erscheint sie nur noch selten in den Texten von Übersetzern, die sich zwar in die Worte des Autors, nicht aber in die Musik seines Geistes und in seine Absicht hineinvertiefen. Wenn Bibelstellen zu abgegriffenen, mechanisch zitierten Phrasen werden, statt lebendiges Wort zu sein, dann ist Religion lahmgelegt und verliert ihre transformative Kraft. Die Heilige Schrift wird so zum Besitz von Spezialisten und Experten.

Wie beunruhigend und erfrischend wirkt deshalb Neil Douglas-Klotz' Bemühung, die Originalsprache wiederzuentdekken, die Ursprache des Nahen Ostens: das Aramäische, wie es Jesus sprach. Welch erweiterte Bewußtheit des Herzens, wieviel prophetischer Saft mag daraus resultieren, zu hören, daß, was mit »sei vollkommen« übersetzt wurde, in Wirklichkeit »sei allumfassend« bedeutet oder »satt sein« eigentlich »von Früchten umgeben sein« heißt; daß »Gesegnet sind die Schwachen, denn sie werden die Erde erben« auch heißt »Gesund sind diejenigen, die das Harte in sich weich gemacht haben; ihnen wird aus dem Universum Lebenskraft und Stärke zuteil werden«; daß die abgegriffenen Worte: »Führe uns nicht in Versuchung« auch übersetzt werden können mit: »Laß oberflächliche Dinge uns nicht irreführen, sondern befreie uns von dem, was uns zurückhält.« Ist es möglich, noch kosmologischer zu werden? Gewinnen die Worte Jesu nicht neues Leben und neue Energie bei dieser Version seiner Rede?

Die Übersetzung von Neil Douglas-Klotz macht auch deutlich, wie feministisch Jesus eingestellt war. Man beachte, daß das von Jesus benutzte Wort »malkuthach« (dritte Zeile des Vaterunsers), das traditionell mit »Königreich« übersetzt wird, verwandt ist mit dem nahöstlichen Wort für »Große Mutter« und daß das Wort, welches wir mit »tägliches Brot« übersetzen, »lachma« (fünfte Zeile des Vaterunsers), sich auf Nahrung jeglicher, auch geistiger Art bezieht und sich herleitet aus Wortwurzeln, die das göttliche Weibliche bezeichnen: Sophia, die heilige Weisheit.

Dieses Buch ist kein Buch *über* Mystik in der Bibel. Es stellt eine praktische Meditation dar, die den Mystiker im Leser wiedererwecken kann, so wie der Mystiker, der die aufsehenerregenden Worte von Jesu vor zweitausend Jahren hörte, erweckt worden ist. Hier haben wir ein Buch, das es uns ermöglicht, die Bibel neu durch das Herz zu erfahren; das heißt: durch den Körper, das heißt: auf Erden, dem Ursprung und der Herkunft unserer Körper. Douglas-Klotz' hingebungsvolles Bestreben, durch die Tänze des universellen Friedens den Mystiker im Selbst und anderen zu wecken, gewinnt besondere Bedeutung durch die praktischen und körperlichen Gebetsformen, die er uns nahelegt, um die lebende, atmende Bibel wiederzuentdecken. Er lehrt uns wirklich, die Bibel neu zu beten und im Gebet mehr zu sehen als nur Lesen oder Sprechen. Wenn Hildegard von Bingen vor acht Jahrhunderten recht hatte, als sie das Gebet mit dem Ein- und Ausatmen des einen universellen Atems verglich, dann hat auch Douglas-Klotz recht, wenn er darauf besteht, daß wir die Schriften erneut tanzen – das heißt, atmen – sollen.

Douglas-Klotz' Version des Vaterunsers stellt in sich selbst bereits einen Kommentar dar. Jahrhundertelang haben uns Theologen Kommentare zu diesem Gebet von Jesus angeboten, aber keiner ist mit diesem vergleichbar. Er ist umfassend und herausfordernd: Er lenkt unseren Blick auf die Erde, während unsere Herzen wieder offen für die Kosmologie werden, ähnlich wie Jesu Herz und die Herzen der frühen Völker dafür offen waren. Er macht es möglich, daß das Mystische unseres biblischen Erbes uns wieder anrührt – und vielleicht sogar transformiert.

Ich heiße dieses Buch willkommen und die reichen Früchte, die es mit Sicherheit tragen wird.

Matthew Fox
Institute of Culture and Creation Spirituality

Einleitung

Der Ausdrucksreichtum der aramäischen Ursprache Jesu ist ein Schatz, der zu lange verlorengegangen oder Gelehrten vorbehalten war. Um diesen Schatz wiederzuentdecken, müssen wir uns der Herausforderung stellen, an der von Jesus verkörperten prophetischen und mystischen Tradition teilzunehmen. Diese ist von unserer normalen Art zu denken sehr weit entfernt.

Eine Tradition der einheimischen nahöstlichen als auch der hebräischen Mystik besagt, daß jede Aussage der heiligen Lehren von mindestens drei Gesichtspunkten her betrachtet werden muß: dem intellektuellen, dem metaphorischen und dem universalen (oder mystischen). Vom ersten Gesichtspunkt aus betrachten wir den äußeren Sinn der in Frage stehenden Worte, der von modernen Leuten normalerweise die »wörtliche« Bedeutung genannt wird. In der Mystik des Nahen Ostens sind aber zu jedem aramäischen Wort mehrere »wörtliche« Übersetzungen möglich. »Selig sind die Sanftmütigen, denn sie werden das Erdreich besitzen« könnte genausogut übersetzt werden mit: »Selig sind, die das Harte in sich weich gemacht haben.« Das Wort für »Erde« bedeutet im Aramäischen auch »Erdhaftigkeit«, »natürliche Fülle der Natur« und »alles, was in ›gesonderten‹ Formen erscheint«. Um zu verstehen, wie die verschiedenen Bedeutungen zusammenhängen, müssen wir weitergehen.

Vom zweiten Gesichtspunkt aus betrachten wir, auf welche Weise uns eine Aussage oder Geschichte zum Gleichnis für unser Leben oder das Leben einer Gemeinschaft werden kann. Hier müssen wir unsere poetische Sensibilität erwecken und daran mitwirken, die Bedeutungen mehrerer möglicher wörtlicher Übersetzungen neu zu erschaffen. Bezogen auf den obengenannten Ausspruch Jesu fragen wir uns: Wo sind die harten Stellen in unserem Leben oder im Leben unserer Gesellschaft? Wie hindern sie uns daran, »Nahrung« aus der natürlichen Fülle der Natur zu beziehen?

Vom dritten, dem universalen oder mystischen Gesichtspunkt aus, gelangt man zur Wahrheit der Erfahrung, auf die eine Aussage abzielt. Hier müssen wir darüber hinausgehen, Gebet als bloße Affirmation oder Bitte aufzufassen oder eine Parabel bloß als bildlichen Ausdruck. Wir müssen die wortlose Erfahrung erfassen, auf die die lebendigen Worte des Mystikers hinweisen. Um das obige Beispiel fortzuführen: Es stellt sich die Frage, was die Wörter *hart* und *weich* mit meiner Erfahrung von Leben, Gott und Kosmos zu tun haben. Welche Gefühle rufen die Laute der aramäischen Schlüsselworte in mir hervor? Wie handle ich verantwortlich aus diesem neuen Verständnis heraus? Zu diesen Fragen gibt es keine vorgefertigten Antworten; sie fordern uns vielmehr zu einer ganz persönlichen Erwiderung heraus.

Für einen einheimischen Mystiker des Nahen Ostens wie Jesus schließt keiner dieser jeweiligen Standpunkte die anderen aus. Man bewahrt einfach die verschiedenen Bedeutungen der wichtigen heiligen Worte und Gebete in sich und läßt sie in sich arbeiten. Wie der hebräische Weise und Sprachgelehrte Fabre d'Olivet (1815) in *La Langue hebraique restituée* sagt, gehört es zur Tragödie der Bibelübersetzungen, daß solche Aussagen, in denen viele Bedeutungsebenen mitschwingen sollten – zumindest die intellektuelle, die metaphorische und die universale –, so zurechtgestutzt wurden, daß sie »ganz grobstofflicher Natur sind … reduziert auf materielle und eingeschränkte Begriffe«. Diese Tendenz, zu zerteilen und allzu wörtlich zu nehmen, prägte die gesamte Newtonsche Ära: Es war eine Zeit, die die mystische Kosmologie unterdrückte und sich dementsprechend schwer tat mit mystischen Übersetzungen. Mit dem Einbruch der modernen Zivilisation schlich sich in unsere Sprache eine unnatürliche Trennung zwischen Gott, Natur und Menschheit ein, wie sie den Menschen, die noch erdverbunden lebten, völlig unbekannt war.

Einige der Schwierigkeiten gehen bis zu den Ursprüngen unserer Schriften – und unseres Denkens zurück. Die meisten Übersetzungen der Aussagen Jesu stammen aus dem Griechischen, einer Sprache, die sich sehr vom Aramäischen unterscheidet. Aramäisch wurde zu Jesu Zeiten im gesamten Nahen Osten gesprochen, es war auch die Sprache, in der er gelehrt hat. (Hebräisch war zu dieser Zeit vor allem Tempelsprache.) Einigen Gelehrten zufolge stellte das Aramäische eine Ableitung des Althebräischen dar; andere behaupten, das Aramäische sei ursprünglicher und beruhe seinerseits auf noch älteren Wortwurzeln des Nahen Ostens. Obwohl das Griechische nach den Siegen Alexanders des Großen im Nahen Osten eingeführt wurde, ist es doch niemals zur Sprache der einheimischen Bevölkerung geworden. Das Aramäische diente als Lingua franca, bis es während des Aufblühens des Islam durch das mit ihm verwandte Arabische ersetzt wurde. Trotzdem wurde das Aramäische noch bis ins 19. Jahrhundert hinein in weiten Teilen des Nahen Ostens gesprochen und ist auch heute noch in Teilen Syriens gebräuchlich, ebenso wie in der gesamten Ostkirche.

Im Unterschied zum Griechischen zieht das Aramäische keine

scharfe Trennlinie zwischen Mittel und Zweck oder zwischen innerer Qualität und äußerer Handlung. Beide sind immer gleichzeitig gegenwärtig. Wenn Jesus sich auf das »Königreich des Himmels« bezieht, so ist dieses Königreich immer gleichzeitig *innen* als auch *mitten unter uns.* »Der Nächste« ist sowohl in uns wie auch außerhalb von uns, ähnlich wie das »Selbst«, das wir ebensosehr lieben sollen wie unseren »Nächsten«. Anders als das Griechische bietet das Aramäische eine fließende und ganzheitliche Sicht des Kosmos. Die willkürlichen Grenzen, die im Griechischen zwischen »Verstand«, »Körper« und »Geist« bestehen, fallen hier weg.

Außerdem ist das Aramäische, wie auch seine Schwestersprachen Hebräisch und Arabisch, in der Lage, viele verschiedene Schichten von Bedeutungen auszudrücken. Die Wörter sind auf poetische Weise so angeordnet, daß jedes Wort verschiedene Bedeutungen haben kann, die nur scheinbar zusammenhanglos sind. Bei tieferer Betrachtung weisen sie eine innere Verbindung auf, z. B. kann dasselbe Wort *schem,* mit »Name«, »Licht«, »Klang« oder »Erfahrung« übersetzt werden. Mit einer solchen Auswahl konfrontiert, ist es notwendig, jedes Wort bzw. jeden Satzteil von verschiedenen Gesichtspunkten aus zu betrachten – den oben erwähnten und möglicherweise noch anderen. Jesus beweist eine solche Meisterschaft im Umgang mit transformativer Sprache, daß sie sogar unangemessene Übersetzungen überlebt hat.

Dazu kommt, daß die aramäische Sprache sehr erdverbunden ist, reich an Bildern vom Pflanzen und Ernten und dem natürlichen Wunder des Kosmos. Im Aramäischen hört »Himmel« auf, ein metaphysisches Konzept zu sein, und vermittelt uns die Vorstellung von »Licht und Klang, die durch die ganze Schöpfung hindurchleuchten«. Wie seine Vorläufer (die alten

Sprachen der Ureinwohner des Nahen Ostens wie auch anderer Ureinwohner rund um die Erde) ist das Aramäische reich an Klangbedeutung: Beim Hören heiliger Worte können Richtung, Farbe, Bewegung und andere Sinnesempfindungen im Körper mitschwingen. Die Körperresonanz stellte für die Zuhörer von Jesu Worten und für die Mystiker des Nahen Ostens eine zusätzliche Bedeutungsebene dar. Tatsächlich bin ich auf Ähnlichkeiten zwischen einigen von Jesus benutzten Schlüsselworten und Worten gestoßen, welche in alten Gesängen des Vorderen Orients Tausende von Jahren vor seiner Zeit verwendet wurden.

Einrichtung des Buches

Die spezifischen Eigenschaften der aramäischen und jüdischen Mystik forderten mich heraus, eine neue Struktur zu finden, mit deren Hilfe die verschiedenen Facetten jeder Aussage zum Vorschein kommen, bis sie zusammen aufleuchten wie die Facetten eines geschliffenen Kristalls.

Der Hauptteil dieses Buches behandelt die Zeilen des Vaterunsers im Aramäischen. Dieses Gebet hilft, uns daran zu erinnern, was im Leben wichtig ist, und enthält die zentralen Themen von Jesu Reden. Diese Themen bilden einen Zyklus der Erneuerung, indem sie eine spiralförmige Reise durch verschiedene Stadien hindurch abbilden, vergleichbar den »vier Wegen«, wie sie auch in der Schule der »Creation Spirituality« (»Schöpfungs-Spiritualität«) aufgezeigt werden: dem Weg des ursprünglichen Segens, dem Weg des Loslassens, dem Weg des Durchbruchs und dem Weg des Mitgefühls.

Ich habe zunächst jede Zeile des Gebetes in bezug auf die

Bedeutung der Wortwurzeln übersetzt, jedoch – wie vorhin angedeutet – von jeweils wechselnden Standpunkten aus. Als nächstes folgen Anmerkungen zum Text, damit der Leser beginnen kann, den Reichtum der aramäischen Wortwurzeln zu verstehen und sich seine eigenen Zusammenhänge oder alternativen Übersetzungen (auf metaphorischer Ebene) herzustellen. Drittens habe ich Meditationen hinzugefügt, »Körpergebete«, die auf eine Erfahrung von Jesu Worten im eigenen Leben und Körper hinzielen. Die Körpergebete ermutigen uns, am *Klang und Gefühl* der Worte Jesu teilzuhaben, wie auch an ihrer intellektuellen oder metaphorischen Bedeutung. Um dichter an die Erfahrung heranzukommen, die Jesus seinen Hörern vermittelte, müssen wir unser Verständnis über das bloß Verstandesmäßige hinaus erweitern, bis es unser ganzes Selbst umfaßt. So gelangen wir zur mystischen oder universalen Ebene der *Interpretation.*

Die Grundlage der Körpermeditationen stammt aus den jahrtausendealten mündlichen Überlieferungen der mystischen Traditionen des Vorderen Orients. Diese Übungen beruhen auf der Verwendung heiliger Worte und Sätze, die geatmet, intoniert und durch den Körper bewegt werden. Meine Forschungen bestätigen die mündliche Überlieferung meiner Lehrer, wonach eine ursprüngliche Tradition mystischer und schamanistischer Praxis im Nahen Osten existiert, die den späteren etablierten Religionen vorausgeht und zugrunde liegt, erwachsen aus dem Jahrtausende währenden Kontakt der Menschen mit dem dortigen Ökosystem. Ich verwende für diese Überlieferung den Ausdruck »eingeborene nahöstliche Tradition« – im gleichen Sinne, wie andere Forscher von »eingeborener amerikanischer (oder afrikanischer) Tradition« sprechen – um hinzuweisen auf eine zugrundeliegende Kosmologie und Heilungs- sowie Anbetungspraxis, die in bezug auf Mythologie und Ritual jedoch Unterschiede zuläßt. Ich habe diese Übungen für den Gebrauch heutiger Menschen abgeändert und überarbeitet. Es gibt keine »Geheimnisse« mehr, die nicht sowieso schon den Menschen sichtbar sind, die sie zu erfassen vermögen. Meiner Meinung nach ist die Not der Erde so groß, daß wir alles in unserer Macht Stehende tun müssen, um die Harmonie mit der ganzen Schöpfung wiederherzustellen.

Im Anschluß an das Vaterunser folgen Übersetzungen der Seligpreisungen, die eine reiche Quelle von Jesu Lehren sind, aber in der herkömmlichen Übersetzung oft verwirrend wirken. Diese und die darauffolgenden Aussprüche aus den Evangelien zeigen, daß eine Reihe von Schwierigkeiten aufgeklärt werden, wenn wir die mystische Bedeutungsebene miteinbeziehen. Zum Vergleich habe ich für jeden Teil parallele Wiedergaben der bekanntesten Bibelübersetzung hinzugefügt. In den meisten Fällen (wo es sich nicht um eine völlige Fehlübersetzung handelt) sind diese Versionen nicht falsch, aber so begrenzt im Ausdruck, daß sie sich als irreführend herausgestellt haben. Ich glaube nicht, daß eine der neueren Versionen besser ist: Überall, wo der griechische Text als Grundlage dient, gingen theologische Konzepte daraus hervor, die dem aramäischen Denken und, wie ich glaube, auch dem Denken Jesu selbst fremd sind.

Benutzte Texte

Als Quelle für den aramäischen Text verwandte ich eine Version des syrisch-aramäischen Manuskriptes der Evangelien, die auch als »Peshitta-Version« bekannt ist. Sie wurde von Reverend G. H. Gwilliam bearbeitet und 1901 von der

Clarendon Press veröffentlicht. In Fachkreisen bestehen noch beträchtliche Kontroversen über das Alter und die Glaubwürdigkeit der Peshitta sowie anderer früher biblischer Manuskripte.

Einige Bibelforscher gehen davon aus, daß zumindest das Matthäus-Evangelium zunächst in Aramäisch geschrieben wurde und daß die anderen Evangelien sich entweder aus diesem Text ableiten oder von einem weiteren mutmaßlichen aramäischen Dokument, das unter der Abkürzung »Q« (vom deutschen *Quelle*) bekannt ist. Andere Forscher betrachten Markus als den frühesten Evangelisten, größtenteils deswegen, weil sein Evangelium die kürzeste und vielleicht sogar eine Art »Kurzschrift-Fassung« darstellt. Wieder andere (vor allem östliche) Bibelforscher behaupten, daß alle Evangelien ursprünglich in Aramäisch geschrieben wurden, da sie sich alle an jüdische oder nichtjüdische, auf jeden Fall aber an Aramäisch sprechende Zuhörer wandten. Weitere Informationen hierzu bitte ich den Leser den Quellen zu entnehmen, die in den Literaturhinweisen am Ende des Buches aufgeführt sind.

Wie Dr. George M. Lamsa – wegweisender Aramäischforscher der 30er Jahre – aufgezeigt hat, betrachtet die Kirche des Ostens die Peshitta als die älteste und glaubwürdigste Bibelversion. Peshitta bedeutet »einfach«, »echt« oder »wahr«. Diese Bibelfassung geht – was die Worte Jesu betrifft – nach Ansicht einiger ostchristlicher Gelehrter auf das 2. Jh. n. Chr. zurück.

Die Kirche des Ostens behauptet, daß die Peshitta, auch wenn sie nicht die älteste Version enthält, doch der Denkweise Jesu viel näher steht als jede andere (griechische) Fassung. Wie Lamsa ausgeführt hat, gibt es genügend Anzeichen, die darauf hinweisen. Die meisten problematischen Textstellen in den Gleichnissen Jesu klären sich auf, wenn man sie vom aramäischen Gesichtspunkt aus betrachtet. Zu den Verwirrungen kam es, wenn Übersetzer mit lateinischen Versionen arbeiteten, mit Übertragungen griechischer Texte also, deren Verfasser selbst schon das Aramäische mißverstanden hatten.

In allen Religionen der Menschheit wurden die heiligen Lehren in der Sprache der Gründer niedergeschrieben. Es besteht kein Zweifel daran, daß Jesus und seine Nachfolger Aramäisch sprachen. Außerdem gehörten alle frühen christlichen Kirchen ursprünglich zur semitischen Sprachfamilie. Das Evangelium wurde zuerst für Juden und die »verlorenen Schafe des Hauses Israel« – also für Aramäisch sprechende Menschen – niedergeschrieben.

Lamsa schreibt dazu in seinem Buch über den Ursprung des Neuen Testamentes: »Kein Wort des Alten oder Neuen Testaments wurde ursprünglich in Griechisch oder einer anderen europäischen Sprache niedergeschrieben. Die Theorie, daß Jesu Leben ursprünglich in griechischer Sprache aufgeschrieben wurde, ist mit Sicherheit antisemitisch geprägt: Vor der britischen Eroberung Indiens und Ägyptens wußte die westliche Welt kaum etwas über den Osten. So ziemlich alles, was in Deutschland, England und Amerika über das östliche Christentum geschrieben wurde, beruhte auf Vermutungen oder Voreingenommenheiten. Deshalb muß alles Quellenmaterial, das sich auf die Bibeltheologie und die Völker des Ostens bezieht, im Licht der gegenwärtigen Funde und der aramäischen Sprache neu geprüft werden.«

Das Vorurteil, daß die griechische Fassung der Evangelien die »maßgebliche« sei, spiegelt nur die Ignoranz und das Vorurteil gegenüber den »primitiven« Völkern wider, das sich seit Hunderten von Jahren hartnäckig in den Köpfen »zivilisierter Menschen« hält. Glücklicherweise ist eine Veränderung in Sicht. Die meisten westlichen Schulen verkünden allerdings immer noch, daß die »wirkliche Kultur mit den Griechen begann«, eine These, die durch die archäologischen und anthropologischen Funde der letzten Jahrzehnte weitestgehend widerlegt worden ist. Was wir aus der klassischen griechischen Kunst, Musik und Spiritualität schätzen, scheint zum großen Teil übernommen von früheren Kulturen, welche die Große Mutter anbeteten und eine hohe Kulturstufe erreichten – auf der Grundlage einer partnerschaftlich organisierten Gesellschaft, die weitgehend frei von Krieg oder Konflikten war. Die Ureinwohner des Nahen Ostens verfügten schon Tausende von Jahren vor Jesus über eine reiche Sprache, Kultur und Spiritualität. Jesu Umgang mit alten heiligen Sätzen, die weit vor die hebräische Tradition zurückreichen, legt nahe, daß eine einheimische mystische Tradition im Verborgenen oder in der Wüste überlebt hat. Dies geschah sowohl vor als auch während des Aufblühens des orthodoxen Judentums, Christentums und Islam. Einige Schulen des Sufismus beanspruchen für sich, zu den Erben dieser einheimischen Tradition des Nahen Ostens zu gehören, die den ägyptischen Mysterienschulen sogar noch vorausgeht.

Leser, die an weiteren Untersuchungen zur aramäischen Sprache interessiert sind, werden auf die Arbeiten von Dr. George M. Lamsa verwiesen sowie auf die seines Schülers und wissenschaftlichen Nachfolgers, Dr. Rocco A. Errico. Ich habe insbesondere Dr. Errico für seine freundliche Hilfe und seine Hinweise zur aramäischen Sprache zu danken sowie für seine Textverweise in der von ihm benutzten Peshitta-Ausgabe. Dr. Errico arbeitet zur Zeit an einer neuen Aramäisch-Grammatik, die das Erlernen der sprachlichen Grundlagen einfacher macht, als es mit den derzeit erhältlichen Texten der Fall ist (siehe Literaturhinweise am Ende dieses Buches).

Meine eigenen Forschungen im Bereich nahöstlicher Sprachen, die vor 14 Jahren begannen, entsprangen einem Interesse an den ursprünglichen Klangbedeutungen der heiligen Worte aus der semitischen Sprachtradition. Inspiriert wurde ich von Samuel L. Lewis, einem Gelehrten und Mystiker, der sowohl in der Kabbala (jüdische Mystik) als auch in den Lehren des Christentums, Sufismus, Buddhismus und Hinduismus geschult war. Was in meiner Arbeit über das von Lamsa und Errico Erarbeitete hinausgeht, betrifft die dritte Ebene, den mystischen Ausdruck Jesu, wie er besonders in den aramäischen Wurzeln seiner Worte zu finden ist.

Als geborener Assyrer war Lamsa hauptsächlich an der idiomatischen Ebene interessiert. Seine eigene Bibelübersetzung korrigiert Hunderte diesbezüglicher Fehler, die in anderen Texten vorkommen. Um sich der dritte Stufe der Übersetzung zu nähern, reicht es nicht aus, Sprachfähigkeiten zu erwerben, man muß auch die Wissenschaft der Klänge und Buchstaben studieren, wie sie in den mystischen Traditionen des Nahen Ostens verbreitet ist. Diese Wissenschaft weist hin auf Stadien der Meditation und Bewußtheit, die nicht nur intellektuell studiert, sondern erfahren werden müssen. Deshalb habe ich mich in dieser Arbeit den Worten Jesu eher als Übersetzer, Poet, Student und Lehrer der einheimischen Mystik genähert denn als Theologe. Diese Übersetzungen sind meine eigenen, und der Leser möge sie als Versionen oder Kommentare betrachten, wenn ihm das hilft, sie in sich aufzunehmen. Der Sinn des »Mystischen« ist es nicht, zu mystifizieren, sondern uns zurückzuführen zu einer besseren Beziehung zum Kos-

mos, dem Anliegen aller ursprünglichen Menschheitstraditionen.
Meine Hauptquelle für die tiefere Interpretation der aramäischen Wortwurzeln war Fabre d'Olivets *La Langue hebraique restituée.* Obwohl 1815 geschrieben, gehört es immer noch zu den wichtigsten veröffentlichen Nachschlagewerken für die vollständige Interpretation der Wortwurzeln; an anderer Stelle leben diese Interpretationen fort als mündliche Überlieferung der jüdischen Mystik (Kabbala) und im Sufismus. D'Olivet schließt viele Querverweise auf andere Sprachen des Nahen Ostens ein. Da bis jetzt kein komplettes Aramäisch-Wörterbuch vorliegt, muß nach zusätzlichen Hilfen in verschiedenen syrischen Lexika und Peshitta-Kommentaren gesucht werden. So sind in diese Arbeit nicht nur meine Aramäischstudien eingeflossen, sondern auch meine Sprachforschungen im Arabischen (das sich aus dem Aramäischen entwickelt hat).
Alle großen zeitgenössischen Traditionen des Nahen Ostens – die jüdische, die christliche, die islamische – stammen aus derselben Quelle, derselben Erde und wahrscheinlich derselben Sprache. Von allen wurde Gott ursprünglich *El* oder *Al* genannt, was »Jener«, »der/die/das All-Eine« oder »Jene(s) Eine« bedeutet, das »sich selbst durch alle Dinge einzigartig ausdrückt«. Aus dieser Wortwurzel entspringen die heiligen Namen *Elat* (Altkanaanitisch), *Elohim* (Hebräisch), *Alaha* (Aramäisch) und *Allah* (Arabisch). Wenn diese einfache Tatsache besser bekannt würde – so glaube ich – gäbe es mehr Toleranz und Verständnis unter denen, die eigentlich Bruder-Schwester-Traditionen sind, jedoch – bewußt oder unbewußt – viele Vorurteile untereinander aufrechterhalten.
Die poetische Form, die ich in den meisten Versen verwandt

habe, ist der »Langvers«, wie er in den Gedichten von Walt Whitman und William Blake benutzt wurde. Dem amerikanischen Dichter Robert Bly danke ich für seine Vorschläge in dieser Richtung. Dem aramäischen Urtext wurden annähernde Umschreibungen in allgemeinverständlicher (stark vereinfachter) Lautschrift beigefügt, so daß die Leser den ursprünglichen Klang heraushören und sein Tempo, seinen Rhythmus und seine Schwingung als Teil des eigenen Körpergebetes fühlen können. Unter Berücksichtigung der Tatsache, daß verschiedene aramäische Dialekte existieren und dieses Buch für Nichtgelehrte gedacht ist, habe ich auf größere Genauigkeit in der Umschrift verzichtet; so konnte ich anstatt sprachwissenschaftlicher Symbole normale lateinische Buchstaben benutzen. Interessierte Leser finden in der Literaturliste am Ende des Buches Quellen, mit deren Hilfe sie auch die aramäische Schrift lesen lernen können. Außerdem sind dort Bezugsquellen für Kassettenaufnahmen angegeben, auf denen der aramäische Text gesprochen bzw. gesungen wird.

Zu dieser Arbeit werden Fragen auftauchen, schon deswegen, weil ich mich den Worten Jesu genähert habe und nicht denen eines anderen Mystikers. »Sind diese Versionen wortgetreu?« »Beruhen sie auf einer ähnlichen Inspiration wie die autorisierte Fassung?« Diese Fragen setzen eine bestimmte theologische Ausrichtung voraus, die auf Glaubenslehren beruht, über die ich an dieser Stelle nicht streiten möchte. Wie ich bereits angedeutet habe, kann es mehrere »wortgetreue« Versionen des gleichen aramäischen Satzes geben. In bezug auf die zweite Frage glaube ich, daß Inspiration heute genauso zugänglich ist wie zu den Zeiten von King James bzw. Martin Luther und daß sie eine lebendige Erfahrung darstellt für alle die, die Jesus in seinen Fußspuren gefolgt sind. Jesus war weder ein Gelehrter noch ein Theologe; seine Worte klingen durch die Jahrhunderte hindurch und berühren uns, auch in der beschränkten Form der Übersetzung, im Kern unserer Probleme und Fragen. Ich hoffe und bete, daß aus dieser Arbeit viele »inspirierte Übersetzungen« hervorgehen werden, in den Worten und Taten derer, die dem kosmischen Christus durch die Worte des aramäischen Jesus begegnen.

Neil Douglas-Klotz

Einführung zur deutschen Übersetzung

Der Schlüssel zum Verständnis der aramäischen Worte von Jesus waren für mich die Körpergebete. Während meiner einjährigen Arbeit an der deutschen Übersetzung dieses Buches über das »kosmische Jesusgebet« erlebte ich häufig Schwierigkeiten mit dem Text, der sich mir nicht erschloß. Ich empfand das Ganze wie »ein Buch mit sieben Siegeln«, das mich oft befremdete, da ich vieles einfach nicht verstand. Auch als die deutschen Worte auf dem Papier standen, blieben sie für mich teilweise leere Worte, die nichts in mir zum Klingen brachten.

In dieser Zeit las ich in dem Erfahrungsbericht des Autors über den Entstehungsprozeß des aramäischen Vaterunsers, der schon 1980 begonnen hatte. Neil Douglas-Klotz beschreibt darin, wie er zuerst Jesu aramäische Worte regelmäßig atmete, sang und sich viel Zeit ließ, sie in seinem Körper zu bewegen und zu fühlen. Wichtig waren ihm dabei die Schwingungen, Regungen und die Resonanz, die sie in seinem Inneren hervorriefen. Angeregt von seinem Bericht und seiner Art, langsam und ohne Zeitdruck mit den Worten zu experimentieren und zu spielen, entschloß ich mich eines Tages, die von ihm vorgeschlagenen Körpergebete selbst auszuprobieren und nicht nur – wie bisher – zu lesen und zu übersetzen. Mein Wunsch war, das aramäische Vaterunser und die Seligpreisungen zu benutzen, um mir Unterstützung und Erleichterung bei meiner Arbeit zu verschaffen. Ich wollte das, was ich übersetzte, als Hilfe und Hinweis für den Vorgang des Übersetzens selbst nehmen. Zu dem Zeitpunkt wurde mir bewußt, welche Scheu ich gehabt hatte, mich darauf einzulassen. Es war mir etwas fremd und unbequem gewesen, mich selbst – d. h. auch das Innere meines Körpers mit seinen Rhythmen von Herzschlag, Blutkreislauf und Atem, meinem Immunsystem usw. – laufend und wirklich intensiv kennenzulernen. Auch war es ungewohnt für mich, mit meiner Stimme zu experimentieren, mich selbst singen und sprechen zu hören und auch von anderen gehört zu werden.

Die zweite Zeile des Vaterunsers *nethkâdasch schmach* half mir, in meinem täglichen Leben Platz zu schaffen und mir Zeit zu nehmen, im Sinne von Jesu Aufforderung: Schaffe dir deinen eigenen leeren Raum, »dein Kämmerlein« zum Beten. Die Körpergebete waren hilfreich für mich – es stellte sich Vertrautheit ein und Dankbarkeit für ihre Einfachheit: Daß Gott in meinem Atem mitströmt, in meinem Blut mitfließt, in meinem Herzen mitschlägt, ich mich von unserer »Mutter Erde« tatsächlich und wirklich *immer* unterstützt und getragen fühlen kann, das hatte ich vorher nicht so gewußt. Die Erfahrung erfüllt mich mit Ehrfurcht, und ich verstehe nun besser, was »kosmisch« heißt. Unter »Kosmos« konnte ich mir vorher nicht viel vorstellen, außer daß er groß ist und wenig mit mir zu tun hat. Mit Hilfe dieser Übungen habe ich gemerkt, daß der Kosmos in mir ist.

Die Erforschung meines Mikrokosmos mit seinen Verbindungen zu dem mich umgebenden Makrokosmos wurde mir inzwischen zum »Hobby«, dem ich überall nachgehen kann. Sogar beim Warten – wo auch immer: im Café, unterwegs in Flugzeugen, Zügen, Bussen, beim Gehen auf der Straße, in der Natur, beim Liegen im Bett, kurz, wann immer ich mich jetzt daran erinnere und mir eins der Körpergebete einfällt. In ruhigeren Zeiten entdeckte ich in meinen Meditationen ein »inneres Warten«. Ich wartete auf etwas, was in diesen Momenten nicht da war. Diese Tätigkeit des Wartens und Verstehenwollens konnte ich dann innerlich loslassen und statt dessen wahrnehmen, was ist und das als meine Wirklichkeit anerkennen.

Aus dieser Erfahrung heraus möchte ich die Leser ermuntern, sich beim Lesen dieses Buches das »Stolpern« ruhig zu gestatten – vielleicht sogar dabei »hinzufallen« im Sinne von Hineinfallen. Dieses Nichtbegreifen, das sich einstellen mag, einfach dasein zu lassen. Für mich war es der Weg, in den Text »einzusteigen«. Die »Stolpersteine« zeigten mir die Grenzen für ein intellektuelles Verständnis des Inhalts.

Bevor Neil Douglas-Klotz die aramäische Sprache selbst erlernte, hatte er das aramäische Vaterunser viele Jahre lang gesungen und in Gruppen getanzt. An einem solchen Seminarwochenende war ich mit dieser erweiterten Form von Körpergebet und Meditation das erste Mal in Berührung gekommen. Danach begann ich mit der Übersetzung des Buches, ohne zu wissen, ob sich ein Verlag dafür interessieren würde.

Die aramäische Sprache, die ich zu Beginn als »fremd« empfunden hatte, kommt mir jetzt so vor, als hätte ich sie schon immer gekannt. Mein Lieblingswort wurde *abwûn*, das ich summte, laut und leise sang und atmete (d. h. im Atemrhythmus innerlich sagte). Als Frau, Mutter und Tochter fühlte ich mich von Anfang an sehr von der Einbeziehung der göttlichen Mutter – neben dem göttlichen Vater – angesprochen (erste Zeile des Vaterunsers).

Die Art und Weise, wie durch Neil Douglas-Klotz der Zugang zu Jesu Worten ermöglicht wird, ist ganzheitlich, d. h. durch den Körper, das Herz und die Seele, und geht damit weit über

das Verstandesmäßige hinaus; ich wurde in Dimensionen meines Wesens berührt, von denen ich vorher nichts gewußt hatte.
Das aramäische Wort *lachma* (aus der fünften Zeile des Vaterunsers) gewann während meiner inneren und äußeren Reisen große Wichtigkeit: das Brot, die Nahrung jeder Art und das Verständnis, das wir uns gegenseitig geben können. Ganz konkret gaben mir Menschen in den USA, die ich dort in den Seminaren kennengelernt hatte, Unterkunft für viele Monate. Sie nahmen mich wie eine Freundin in ihre Familien auf und unterstützten mich liebevoll. Die Ermutigung, die ich durch sie erfahren habe, und viele praktische Hilfen meiner Freunde (auch in Deutschland) haben mir die Arbeit an dem Buch überhaupt erst ermöglicht.
Besonders erwähnen möchte ich die wöchentlichen Zusammenkünfte mit einer kleineren Gruppe im privaten Rahmen in Kalifornien, wo wir das aramäische Vaterunser sangen, tanzten, die Gedichte vorlasen und zu Beginn auch ein Körpergebet machten. Manchmal teilten wir auch Brot und Wein miteinander. Diese regelmäßig wiederkehrende Erfahrung half mir, Jesu kosmisches Gebet in meinen Alltag zu integrieren.
In meinen weiteren Meditationen über die vierte Zeile des Vaterunsers und die vierte Seligpreisung fand ich Ähnlichkeiten im Umgang mit inneren und äußeren »Feinden« auf verschiedenen Ebenen.
Bei den aramäischen Seligpreisungen, die einen Zyklus von Heilung darstellen und aufeinander bauen, gibt es Jesu Konzept von *chenûta*, das ich mir von Anfang an bildlich vorstellte: Jesus lädt alle zu sich an einen runden Tisch ein, um dort zusammenzusitzen und miteinander ins Gespräch zu kommen. Wenn Neil Douglas-Klotz vor dem Gebetstanz etwas über diese Seligpreisung sagte, dann war es das, daß jeder eine

Stimme hat, selbst die gegensätzlichsten Meinungen werden gehört; das wichtigste ist, daß alle überhaupt in Kontakt miteinander treten und dabeibleiben, sich nicht isolieren und dadurch »heimatlos« werden.

Bei meinen eigenen inneren Kämpfen wandte ich *chenûta* immer wieder an: Wenn die Dumme und die Kluge, die Verantwortliche und die Verantwortungslose, die Gierige und die Geizige, die Sehnsüchtige und die Unabhängige sich in mir stritten, lud ich sie an meinen »runden Tisch« ein; niemand wurde verbannt und weggeschickt. Bei meinen inneren Versammlungen erlebte ich erstaunliche Dinge! In meinem »äußeren« Leben betrachtete ich gerne das Umschlagbild des englischen Buches mit dem segnenden Jesus, der immer mit mir einverstanden zu sein schien, egal wie ich gerade war. Beruhigend!

Als Ergänzung zu meinen Erfahrungen mit *chenûta* empfand ich das, was mir beim Körpergebet zur vierten Zeile des Vaterunsers bewußt wurde. Hier beschäftigte ich mich das erste Mal in meinem Leben in der Meditation mit meinem ganz konkreten Körperinneren, wie meinem Knochenmark, den Funktionen meines Immunsystems, meiner Thymusdrüse und meines Herzens. Über die tiefe Weisheit meines Körpers, wie z. B. den Umgang mit »Eindringlingen« oder »Feinden«, und das sehr intelligente innere Kommunikationssystem bin ich immer wieder aufs neue erstaunt.

Bei meiner Gottsuche hatte ich viele Jahre lang Bücher über Mystik gelesen und mir viele Gedanken gemacht. Die innere und äußere Arbeit an Jesu kosmischem Vaterunser ermöglichte mir, »zu Hause« anzukommen, d. h. in meinem Körper, in der Gemeinschaft mit anderen Menschen und ganz schlicht auf der Erde.

Ich bin froh und dankbar, mit dem Segen von Neil Douglas-Klotz' Arbeit in Berührung gekommen zu sein; ihren Wert weiß ich mit zunehmender eigener Erfahrung immer mehr zu schätzen. Dem Autor fühle ich mich verbunden in der Hingabe an sein Werk.

Für das Interesse am Buch und die engagierte Begleitung des »Projektes« danke ich Herrn Riemann vom Droemer Knaur Verlag.

Meiner Mitübersetzerin, Eva Ploes, gilt mein herzlicher Dank. Ohne ihre inspirierte Mitarbeit gäbe es diese Übersetzung nicht. Sie gab dem deutschen Text u. a. Klarheit, Prägnanz, Lebendigkeit und Flüssigkeit. Mir half unsere Zusammenarbeit, den tieferen Sinn der Worte des aramäischen Jesu zu verstehen.

Den Leserinnen und Lesern dieses Buches wünsche ich, daß sie mutig ihr eigenes Erbe von *abwûn* antreten.

Gita Onnen

Die deutsche Umschrift entstand nach dem Klang der aramäischen Worte auf der vom Autor selbst besprochenen Kassette. Sie stellt nur ein einfaches Hilfsmittel zum Erlernen der Worte und Klänge dar und hat nichts mit einer Transkription zu tun, wie sie für wissenschaftliche Zwecke gebraucht wird. Man beachte im besonderen:

Die Akzente *â*, *ê*, *î*, *ô* und *û* bezeichnen einen langen Vokal.

ch wird ausgesprochen wie das *ch* in Rauch; die Buchstaben *h* und *k* können – je nach Stellung im Wort – ebenfalls wie *ch* ausgesprochen werden.

bv bezeichnet einen Laut, der etwa zwischen b und w liegt.

w wird je nach Stellung im Wort als *w* oder *u* ausgesprochen.

q klingt wie *k*; *th* wie *t*.

Zum Erlernen der richtigen Aussprache ist die Kassette des Autors sehr hilfreich (siehe »Nützliche Adressen« am Ende des Buches).

DAS VATERUNSER

Das Vaterunser (aramäisch)

ܐܒܘܢ ܕܒܫܡܝܐ ܢܬܩܕܫ ܫܡܟ. ❊ ܬܐܬܐ ܡܠܟܘܬܟ. ܢܗܘܐ
ܨܒܝܢܟ: ܐܝܟܢܐ ܕܒܫܡܝܐ: ܐܦ ܒܐܪܥܐ. ❊ ܗܒ ܠܢ ܠܚܡܐ ܕܣܘܢܩܢܢ
ܝܘܡܢܐ. ❊ ܘܫܒܘܩ ܠܢ ܚܘܒܝܢ: ܐܝܟܢܐ ܕܐܦ ܚܢܢ ܫܒܩܢ ܠܚܝܒܝܢ. ❊ ܘܠܐ
ܬܥܠܢ ܠܢܣܝܘܢܐ: ܐܠܐ ܦܨܢ ܡܢ ܒܝܫܐ. ܡܛܠ ܕܕܝܠܟ ܗܝ ܡܠܟܘܬܐ
ܘܚܝܠܐ ܘܬܫܒܘܚܬܐ ܠܥܠܡ ܥܠܡܝܢ ܐܡܝܢ.

Abwûn d'bwaschmâja

Nethkâdasch schmach

Têtê malkuthach.

Nehwê tzevjânach aikâna d'bwaschmâja af b'arha.

Hawvlân lachma d'sûnkanân jaomâna.

Waschboklân chaubên (wachtahên)
aikâna daf chnân schvoken l'chaijabên.

Wela tachlân l'nesjuna
ela patzân min bischa.

Metol dilachie malkutha wahaila wateschbuchta
l'ahlâm almîn.

Amên.

Das Vaterunser (Lutherbibel)

Unser Vater im Himmel!

Dein Name werde geheiligt.

Dein Reich komme.

Dein Wille geschehe wie im Himmel so auf Erden.

Unser tägliches Brot gib uns heute.

Und vergib uns unsere Schuld, wie auch wir
vergeben unsern Schuldigern.

Und führe uns nicht in Versuchung,
sondern erlöse uns von dem Bösen.

Denn Dein ist das Reich und die Kraft
und die Herrlichkeit in Ewigkeit.

Amen.

(Matthäus 6:9–13)

1. Unsere Geburt in Einheit

Abwûn d'bwaschmâja ܐܒܘܢ ܕܒܫܡܝܐ

(Lutherbibel: Unser Vater im Himmel!)

O Gebärer(in)! Vater-Mutter des Kosmos,
alles, was sich bewegt, erschaffst Du
im Licht.

O Du! Atmendes Leben in allem,
Schöpfer(in) des schimmernden Klanges,
der uns berührt.

Atmung der Welten, wir hören Dich
atmen – ein und aus –
in Stille.

Ursprung des Klangs: Im Tosen und im Flüstern,
im Lufthauch und im Wirbelsturm
hören wir Deinen Namen.

Du Strahlende(r): Du scheinst in uns und außerhalb von uns –
sogar die Dunkelheit leuchtet,
wenn wir uns erinnern.

Name aller Namen, unsere kleine Identität entwirrt sich
in Dir, Du gibst sie uns zurück
als eine Aufgabe.

Wortlose Tat, stille Kraft –
wo Ohren und Augen erwachen,
naht sich der Himmel.

O Gebärer(in)! Vater-Mutter des Kosmos!

Anmerkungen zum Text

Am Anfang des Gebetes steht der göttliche Schöpfungsprozeß und der Segen, der allem Elternsein entspringt. Die alte nahöstliche Wortwurzel *ab* bezieht sich auf jedes Keimen, jede Frucht, die aus der Quelle der Einheit hervorgeht. Die Wurzel *ab* ist auch im aramäischen Wort für den leiblichen Vater – *abba* – enthalten, aber das ursprünglich Ungeschlechtliche der Wurzel schwingt in Klang und Bedeutung mit. Obwohl *abwûn* eine Ableitung dieses Wortes ist, beziehen sich seine ursprünglichen Wurzeln nicht auf ein bestimmtes Geschlecht; wir könnten sie mit »göttliche Eltern« übersetzen. Es sind darin viele Bedeutungsebenen enthalten: *Bwn* bezeichnet den Lichtstrahl oder die Emanation der Vater-/Mutterschaft, die von der Möglichkeit aus zur Wirklichkeit im Hier und Jetzt führt. Im Aramäischen kann das Schriftzeichen für *b* auch wie *w* ausgesprochen werden oder Abstufungen von beidem enthalten. Der Aramäisch-Forscher Rev. Mar Aprem stellte fest, daß dieselbe Wurzel (*ab*) für den leiblichen oder für den spirituellen Vater gilt, je nachdem, ob eher ein *w* (für den leiblichen Sinn) oder ein *b* (für den spirituellen Sinn) gesprochen wird. Jesus bezog sich zweifellos auf beide, wie das Aramäische überhaupt reich an sublimem Spiel mit Wortbedeutungen ist.

Auf dem Hintergrund der mystischen Wissenschaft der Klänge und Buchstaben, die sowohl im Aramäischen als auch im Hebräischen verbreitet war, weist das Wort *abwûn* – über unsere sich wandelnden Konzepte von »männlich« und »weiblich« hinaus – auf einen kosmischen Geburtsprozeß hin. Auf dieser Interpretationsebene läßt sich *abwûn* in bezug auf seine Klangbedeutung in folgende vier Teile gliedern:

A: Das Absolute, einzig Seiende, das reine »Eine«, die Einheit, Ursprung aller Kraft und Beständigkeit (im Anklang an die heilige Silbe *Al* und das aramäische Wort für Gott, *Alaha,* wörtlich: »das Eine«).

bw: Ein Gebären, eine Schöpfung, ein Fließen von Segen, als käme er aus dem »Innersten« dieses Einen zu uns.

u: Der Atem oder Geist als Übermittler des Segensflusses, als Echo des Atemlautes, der alle Kräfte beinhaltet, die wir heute mit Worten wie Magnetismus, Wind, Elektrizität usw. benennen. Dieser Laut ist mit dem aramäischen Begriff *rucha d'kudscha* verwandt, der als »Heiliger Geist« übersetzt wird.

n: Die Schwingung des schöpferischen Atems des Einen, wenn er die Form berührt und durchdringt. Es muß etwas dasein, das von dieser Kraft berührt, bewegt und verändert wird: In diesem Laut hallt die Erde wider, und in ihm vibriert unser Körper, wenn wir den ganzen Namen langsam erklingen lassen: »Ah-bw-û-n.«

Der zweite Teil der Zeile vervollständigt die Darstellung des göttlichen Schöpfungsaktes. In *d'baschmâja* steht die zentrale

Wurzel in der Mitte: *schm*. Von dieser Wurzel stammt das Wort *schem*, welches Licht, Klang, Schwingung, Name oder Wort bedeuten kann. Die Wurzel *schm* weist auf das, was »im Raum aufsteigt und leuchtet«, auf die gesamte Sphäre, die ein Lebewesen umgibt. So gesehen, beinhaltet der Name einer Person ihren Klang, ihre Schwingung oder Atmosphäre; Namen wurden deshalb früher bedachtsam gegeben und empfangen. Das »Zeichen« bzw. der »Name«, der *abwûn* für uns erkennbar macht, ist das ganze Universum. Die Endung *âja* weist darauf hin, daß das Leuchten von »schem« jedes Zentrum von Aktivität mit einschließt, jeden sichtbaren Ort sowie die potentiellen Kräfte aller Dinge. *Schmâja* besagt, daß die Schwingung oder das Wort, der göttliche Name, durch den man das Eine erkennen kann, das Universum *ist*. Hierin liegt die aramäische Vorstellung von »Himmel«, einem Wort, das im Mittelpunkt vieler Aussagen von Jesus steht, die gewöhnlich mißverstanden wurden. Im Altgriechischen und später in den neueren europäischen Sprachen wurde »Himmel« zum metaphysischen Konzept, das nichts mehr mit dem Schöpfungsprozeß zu tun hatte. Für den westlichen Verstand ist es schwer nachvollziehbar, daß ein Wort so viele scheinbar unterschiedliche Bedeutungen haben kann. Dies entsprach jedoch der Weltanschauung der nahöstlichen Mystiker.

Körpergebete

Die erste Zeile von Jesu Gebet führt uns – sowohl durch die Schwingung als auch durch die Stille – zur Erinnerung an unsere Herkunft: nicht in Schuld oder Unvollkommenheit, sondern in Segen und Einheit. Denn der heilige Atem (*rucha*) berührt sogar die Abwesenheit dessen, was wir als »Licht« oder »Klang« wahrnehmen können.

1. Stimme den Klang *Ah-bw-û-n* langsam an und finde die Tonhöhe, bei der du in deinem Körper die größte Resonanz fühlst. Nimm dir Zeit, diesen »Ton« zu finden – er ist dein eigenes Erbe von *abwûn*. Nach dem aramäischen Wortverständnis ist der Ton, bei dem du die Schwingungen am stärksten verspürst, Teil deines »Namens«. Fühle die Schwingung des Klangs. Wo nimmst du ihn in deinem Körper wahr? Folge dem Klang, wenn er in die Stille übergeht. Fühle die Bewegungen in deinem Körper, die ohne deine Aufmerksamkeit geschehen, wie Herzschlag, Atmung und Peristaltik. Nimm sie wahr als innere Gebete, die auf das Geschenk und die Verantwortung der gemeinsamen Schöpfung mit Gott hinweisen.

2. Wenn du in der freien Natur bist, fühle im Gehen oder Sitzen beim Einatmen den Klang *abwûn* in dir und beim Ausatmen den Klang *d'bwaschmâja*. Fühle, wie der Atem in dich hineinströmt, ebenso wie in Gras, Bäume, Felsen und Wasser. Fühle die eine Quelle dieses Atems. Und fühle, wie der Atem zur ganzen Schöpfung zurückkehrt. Unser Atem ernährt die Pflanzen, und ihr Atem ernährt uns. Dieser Austausch vereint uns in Gott. Die ganze Schöpfung sagt schweigend den heiligen Namen.

3. Wenn du bei der Arbeit bist, atme ein und fühle den Klang *ah,* atme aus und fühle den Klang *bwûn*. Beim Einatmen empfinde das Neue und die Nahrung, die in den Herz-Lungen-Bereich einströmt; beim Ausatmen fühle das, was alt ist und losgelassen werden möchte, aus dir hinausfließen. Wo kannst

du den Atem im Körper spüren? Welche Teile sind dir nicht bewußt und könnten es noch werden? Indem wir uns der Dunkelheit unseres Körperinneren bewußt werden, beginnen wir, unsere Seele zu entdecken (aramäisch: *nafscha*) und dem König- und Königinnenreich in uns auf die Spur zu kommen.

2. Raum schaffen, damit der Name leben kann

Nethkâdasch schmach ܢܬܩܕܫ ܫܡܟ.

(Lutherbibel: Dein Name werde geheiligt.)

Bündele Dein Licht in uns – mache es nützlich:
so wie die Strahlen eines Leuchtturmes
den Weg zeigen.

Hilf uns, einen heiligen Atemzug zu atmen, bei dem wir
nur Dich fühlen – so erschaffen wir in uns
einen Schrein, in Ganzheit.

Hilf uns loszulassen, den inneren Raum zu reinigen
von geschäftiger Vergeßlichkeit, damit
der Name leben kann.

Dein Name, Dein Klang kann uns bewegen, wenn wir
unsere Herzen wie Instrumente auf seinen
Ton einstimmen.

Höre den einen Klang, der alle anderen
erschuf: So wird der Name geheiligt
in der Stille.

Im Frieden lebt der Name, ein eigener innerer Raum,
ein Allerheiligstes, offen und
Licht spendend für alle.

Wir alle suchen anderswo nach diesem Licht, und das zieht uns von uns selbst fort, aber der Name lebt immer innen.

Bündele Dein Licht in uns –
mache es nützlich!

Anmerkungen zum Text

In der zweiten Zeile des Gebetes kehrt die Wurzel *schm* – göttlicher Name, Licht, Klang, Erfahrung – in einer spezifischeren Form zurück. In der ersten Zeile wurde *schem* über das Universum verteilt: es war Teil der zugrundeliegenden Einheit, in der alles lebt. An dieser Stelle nun erklären wir, daß der Name *kâdasch*, »heilig«, sein soll (ein Wort, von dem das hebräische *kascher*, »koscher« abgeleitet ist). Im Aramäischen wird etwas heilig, indem man es beiseite tut und für einen bestimmten Zweck absondert. Da dies sowohl in uns als auch außerhalb von uns geschieht, schaffen wir, indem wir etwas absondern und vor Verletzung bewahren, auch in uns einen heiligen Platz.
Die Wurzeln von *nethkâdasch* erwecken Vorstellungen vom Reinigen oder Freimachen und vom Bereiten des Bodens für eine bedeutsame Pflanze. In einem der schönsten Bilder, die die aramäische Sprache malt, zeigen uns die Wurzeln dieses Wortes einen Menschen, der seinen Kopf über einen Platz neigt, an dem Samen gesät worden sind; dies bedeutet zugleich, daß wir uns vom Herzen aus verneigen, um Hingabe und Beharrungsvermögen zu pflanzen.

Der innere Tempel, in dem Gottes Name geheiligt wird, kann nur durch Loslassen entstehen. Wir müssen uns von dem Wirrwarr befreien, der uns dauernd beschäftigt und uns nicht still und aufnahmebereit sein läßt für die leise Stimme in uns. Das Gebet führt uns zu unserem fühlenden Herzen, zu dem Ort, den die Mystiker aller Wege den »inneren Tempel« genannt haben. Jesus empfahl, im Gebet diesen »Herzensschrein« aufzusuchen (eine der Bedeutungen von: »Gehe in dein Kämmerlein«, Matthäus 6:6). – In anderem Zusammenhang hat Virgina Woolf ihn »den eigenen inneren Raum« genannt. Wenn dieser innere Schrein geschaffen ist, wird es, wie Jesu sagt, möglich, »allumfassend« zu sein (was üblicherweise mit »vollkommen« übersetzt wurde), so wie der Ursprung der Schöpfung allumfassend ist (Matthäus 5:48).

Der aramäische Text des Gebetes gibt uns immer eine praktische Anleitung. Damit die Erfahrung von *abwûn* für unser Leben nützlich werden kann, müssen wir in uns einen Raum schaffen, worin das Eine leben kann. Das Licht von *schem* – die Klarheit oder Einsicht, die im Zustand absoluten Friedens aufsteigt – wird dann für unser tägliches Leben so nutzbar wie das Licht einer Lampe.

Körpergebete

Um diesen heiligen Raum im Innern zu erschaffen, müssen wir loslassen können. Wenn der Raum mit altem Gerümpel angefüllt ist, bleibt kein Platz für einen Schrein. Aus einer verstopften Flöte kann keine Musik ertönen. Der Klang dieser Zeile weist uns den Weg, wie wir mit dem Loslassen beginnen können: Er führt uns zur Wahrnehmung der Körperregion von

Herz und Lunge. Dort arbeiten Blut und Luft zusammen, um mit jeder Ausatmung das loszulassen, was nötig ist, und mit jeder Einatmung einzulassen, was gebraucht wird. Bezogen auf unser tägliches Leben heißt dies, daß wir uns von Überflüssigem freimachen und uns Zeit nehmen für Stille, Meditation und Gebet. Selbst während der Arbeit können wir einen bewußten Atemzug tun, mit dem wir in Gottes schöpferisches Licht und seinen Namen eintauchen.

1. Schaffe dir zu Hause einen Platz, in deinem Zimmer, deinem Leben, wo du ungestört loslassen und atmen kannst. Während du atmest, fühle auch Gottes Atem. Sitze oder liege in entspannter Haltung und beobachte, wie der Atem kommt und geht. Atme ein und fühle den Klang *nethkâdasch*, atme aus und fühle den Klang *schmach.* Entspanne dich einfach und atme, fühle in dir, wie du mehr und mehr losläßt und damit Raum schaffst für den Atem Gottes. Nimm deinen Herzschlag und den Rhythmus deines Atems wahr, wie er einströmt und ausströmt. Können Herzschlag und Atem gemeinsam eine Musik erschaffen, ein Muster? Laß durch das Gefühl des Zusammenwirkens von Atmen und Herzschlag einen Raum der Stille und des inneren Friedens entstehen. Am Grunde dieses Friedens liegt eine Fülle von Energie – jede Tat ist möglich. Die Stille ist der Schrein, der Raum. Die Fülle ist der Name, Gottes Licht.

2. Auch während deiner Arbeit oder deinen sonstigen Aktivitäten atme öfter einmal tief ein und aus und erinnere dich an das Allerheiligste in dir. Der Name kann augenblicklich wieder geheiligt werden. Oder: Fühle in dir den Klang der Worte *nethkâdasch schmach.* Laß die Regungen, die dieser Laut

hervorruft, deinen inneren Raum reinigen und dich zum Frieden zurückbringen.

3. Ein anderes Mal entspanne dich und fühle den Schrein, der durch deinen Herzschlag und Atem geschaffen wird. Nimm wahr, welche Teile deines Körpers sich durch die Meditation belebt anfühlen. Spüre auch die Teile, die du als getrennt oder abwesend empfindest. Beurteile sie nicht als gut oder schlecht. Nimm sie einfach wahr, und akzeptiere sie mit bedingungsloser Liebe.

3. Das kreative Feuer

Têtê malkuthach ܬܐܬܐ ܡܠܟܘܬܟ.

(Lutherbibel: Dein Reich komme.)

Erschaffe Dein Reich der Einheit jetzt –
durch unsere feurigen Herzen und
willigen Hände.

Laß Deinen Rat unser Leben regieren und
unsere Absicht klären für die
gemeinsame Schöpfung.

Vereinige unser »ich kann« mit dem Deinem, so daß
wir als Könige und Königinnen
alle Kreatur begleiten können.

Ersehne mit und durch uns
die Herrschaft universaler Fruchtbarkeit
auf Erden.

Deine Herrschaft entsteht plötzlich, wenn
unsere Arme sich ausbreiten, um
die ganze Schöpfung zu umarmen.

Komm in das Schlafgemach unserer Herzen,
bereite uns vor auf die Hochzeit von
Kraft und Schönheit.

Aus dieser göttlichen Vereinigung laß uns
neue Vorstellungen gebären für eine
neue Welt des Friedens.

Erschaffe Dein Reich der Einheit jetzt!

Anmerkungen zum Text

In der dritten Zeile des Gebetes wird der heilige Raum in uns als Ort benutzt, an dem wir uns die neue Schöpfung vorstellen und uns darauf vorbereiten können. *Têtê* heißt »kommen«, schließt aber die Vorstellungen von gegenseitigem Verlangen mit ein, die Definition eines Zieles und in der Urbedeutung ein »Brautbett« – ein Platz, wo man gegenseitig seine Lust stillt und Gebären seinen Anfang nimmt.
Malkuthach bezieht sich auf das Prinzip der Führung und Leitung, das unser Leben in Richtung Einheit lenkt. Es könnte mit Recht als »Königreich« oder »Königinnenreich« übersetzt werden. Ursprünglich birgt das Wort die Vorstellung eines »fruchtbaren Armes«, der bereit ist, Neues zu erschaffen, oder das Bild einer zusammengerollten Spiralfeder, die bereit ist, sich mit der ganzen frischen Energie der Erde zu entfalten. Hier ist das, was in uns »ich kann« sagt und trotz aller Hindernisse einverstanden ist, den Schritt in eine neue Richtung zu tun.
Das Wort *malkatuh,* das dieselbe Wurzel aufweist, war Tausende von Jahren vor Jesus im Nahen Osten ein Name für die Große Mutter. Unsere Urahnen erblickten in der Erde und überall um sich her ein göttliches Prinzip, das Verantwortung übernimmt und *»ich kann«* sagt. Wer dieses Qualitätsprinzip

klar zum Ausdruck brachte, wurde später als natürlicher Führer anerkannt und als Königin oder König bezeichnet.
Im Hinblick auf die Gemeinschaft bezieht *malkuthach* sich auch auf den Rat, mit dessen Hilfe regiert wird, und auf die kollektiven Ideale einer Nation oder der ganzen Erde. In dieser Zeile bitten wir um das Kommen des König- und Königinnenreiches, indem wir unsere persönlichen und kollektiven Ideale mit denen des Schöpfers in Übereinstimmung bringen. Damit bewegen wir uns in Richtung der Einheit und Kreativität, wie sie uns aus der Natur bekannt sind.

Körpergebete

Wenn der innere Tempel des Friedens und der Hingabe einmal errichtet ist, können wir diesen Herzensort benutzen, unsere Ziele zu klären und zu einem neuen Verständnis für Kreativität in unserem Leben zu gelangen. Mit Hilfe des Einen entdecken wir eine neue Bedeutung des »ich kann«. Die Geburt dieser kreativen Kraft geschieht in der Kindheit, wenn man zu fühlen und auszudrücken beginnt: »Ich kann das *selber* tun!« In der Meditation über diese Zeile des Gebetes beginnt man zu entdecken, daß das kleine »Ich« sich mit dem größeren und einzigen *Ich* verbinden kann, welches Jesus das »Eine« oder »Gott« – *Alaha* – genannt hat.

1. Während du liegst oder sitzt, kehre zu dem friedlichen Platz in dir zurück, der geschaffen wird, indem du deinen Herzschlag und deine Atmung fühlst. Wie die mittelalterliche Mystikerin Hildegard von Bingen sagte, kann alles wie eine »Feder auf dem Atem Gottes« empfunden werden. Höre Mu-

sik, die dich inspiriert, und nimm wahr, wie sie auf deinen inneren Schrein wirkt. Entstehen irgendwelche Vorstellungen? Ein anderes Mal möchtest du dich vielleicht auf inspirierende Kunst konzentrieren, auf die kreative Lösung eines Problems, mit dem du konfrontiert bist, oder auf eine klare Führung für deinen nächsten Schritt. Vielleicht möchtest du im Rhythmus des Atems ein kurzes Gebet oder eine Zeile aus dem aramäischen Gebet sagen (du kannst z. B. *têtê* ein- und *malkuthach* ausatmen). Laß dich in deinem Herzen während deiner Herzensmeditation nahe dem Herzschlag Gottes sein.

2. Während du gehst, atme und bewege dich rhythmisch. Fühle dich vom Herzen her zu einem Ziel oder einer geliebten Person hingezogen. Versuche dich tatsächlich *vom Herzen her* zu bewegen, und nimm wahr, was es in dir bewirkt. Vorher versichere dich, ob du genug Raum hast, so daß du in deiner Bewegung nicht unterbrochen wirst. Mit etwas Übung kann dieses Körpergebet auch in einer Menschenmenge angewandt werden, um die eigenen Gefühle zu stärken und sich auf die eigene Absicht zu konzentrieren.

3. Wenn du Heilung und Ruhe brauchst oder emotional aufgewühlt bist, kehre zu deinem Herzensschrein zurück. Laß alle Gefühle, die dabei auftauchen, angenommen und anerkannt sein durch den Atem Gottes, der in deinem eigenen Atem fließt. Erlaube deinem Atem allmählich, rhythmischer zu werden. Atme ein, indem du aus der alleinigen Quelle der Heilung schöpfst, atme aus in den Teil deiner selbst, der noch bedürftig oder unruhig ist.

4. Der Himmel kommt zur Erde: universales Mitgefühl

Nehwê tzevjânach aikâna d'bwaschmâja af b'arha

ܢܗܘܐ ܨܒܝܢܟ: ܐܝܟܢܐ ܕܒܫܡܝܐ: ܐܦ ܒܐܪܥܐ.

(Lutherbibel: Dein Wille geschehe wie im Himmel so auf Erden.)

Dein eines Verlangen wirkt dann in unserem –
wie in allem Licht, so
in allen Formen.

Laß alle Willen in Deinem Spiralkreis gemeinsam
sich bewegen, wie Sterne und Planeten
durch den Himmel kreisen.

Hilf uns zu lieben, wo unsere Ideale enden, und
laß Handlungen des Mitgefühls erwachsen
für alle Kreaturen.

Laß Himmel und Erde eine neue Schöpfung bilden,
indem wir Deine Liebe in der
unseren entdecken.

Vereine die vielen Teile in uns
in einer Vision von leidenschaftlicher Entschlossenheit:
Licht paart sich mit Form.

Erschaffe in mir eine göttliche Zusammenarbeit
von vielen Ichs: eine Stimme,
eine Handlung.

Möge der brennende Wunsch Deines Herzens
Himmel und Erde vereinen durch
unsere Harmonie.

Dein eines Verlangen wirkt dann in unserem –
wie in allem Licht, so
in allen Formen.

Anmerkungen zum Text

In der vierten Zeile – in der Mitte des Gebetes – begegnen sich Himmel und Erde in Handlungen des Mitgefühls. In *abwûn* haben wir uns an unsere Quelle erinnert, die Quelle aller Elternschaft. Wir haben losgelassen, um in uns einen heiligen Platz zu bereiten, damit diese Erkenntnis leben kann. Von diesem Neubeginn aus haben wir unsere Ziele geklärt, die Kraft unserer Mitschöpfung erkannt und unseren nächsten Schritt ins Auge gefaßt. Nun sind wir bereit zu handeln. In einer Hinsicht gab Jesus uns ein Gebet für die ganze Menschheit, ein Gebet, worin die ganze Schöpfung jeden Augenblick mit einstimmt. In anderer Hinsicht gab er uns eine praktische Methode an die Hand, womit man an eine Unternehmung herangehen oder sein Lebensziel neu bestimmen kann.
Tzevjânach kann mit »Wille« übersetzt werden, aber damit ist nicht das gemeint, was wir normalerweise als Willenskraft (im Sinne von großer Anstrengung) oder Eigenwillen (ungehemmte Kraft) bezeichnen. Im Aramäischen trägt das Wort die Bedeutung von »Verlangen«, einem harmonischen Zusammenspiel in der Bewegung, das natürliche Disziplin miteinschließt. Diese Art von »Herzenswunsch« entsteht, wenn

sich unser Ziel oder unsere Absicht über die gedankliche und ideelle Ebene hinausbewegt hat. Es ist so sehr Teil von uns selbst geworden, daß wir nicht länger darüber nachdenken müssen. Unser ganzes Sein bewegt sich dann mit großer Sicherheit dem einen Ziel entgegen. Die alten Wortwurzeln erwecken die Vorstellung eines Spiralkreises aus Harmonie und Zeugungskraft, eines Sternenwirbels, der durch die Himmel kreist.

Aikâna (»genauso wie«) bezieht sich auf den entschiedenen Wunsch nach Konsequenz und Beständigkeit. Wir beten darum, daß Gottes Herzenswunsch in unserem Leben genauso durchgängig Form annimmt wie auf der Ebene von Klang und Licht (Wort und Vision).

Arha bedeutet »Erde«. Tatsächlich mag dies auch die ursprüngliche Quelle des Wortes sein. Von der Klangbedeutung her beschwört es das Aufseufzen der Menschen, wenn sie den festen Halt der Erde unter sich fühlen und sich daran erinnern, sie wie ein lebendiges Wesen zu behandeln und nicht wie ein auszubeutendes Objekt. Darüber hinaus beziehen sich die alten Wortwurzeln auf die gesamte Natur, auf alle natürlichen Verbindungen von Masse und Form, die durch die universale Kraft *AR* – Kraft mit Bewegung – herbeigeführt werden. Von dieser Wortwurzel stammt auch das lateinische Wort *ardor* (Inbrunst).

Körpergebete

Hier mahnt uns das Gebet, über die vorbereitenden Phasen der Ideen und schöpferischen Vorstellungen hinauszugehen und für unsere Handlungen und deren Auswirkungen auf unsere

Umgebung Verantwortung zu übernehmen. Dies schließt Formen von Kreativität aus, die nicht auch die Gemeinschaft und das Wohlergehen der Erde miteinbeziehen. Wir müssen handeln und für unser Handeln die Konsequenzen tragen. Wir können das Ziel, das wir anvisiert haben, erreichen oder »verfehlen«. Auf jeden Fall verweist uns das Gebet auf ein Universum, wo auf jeden Winter ein Frühling folgt und wo Gott in und mit dem Kreislauf der Schöpfung wirkt. Wenn wir unser Handeln zentrieren, indem wir uns an *abwûn* erinnern, haben wir unseren Teil getan; wir können pflanzen und das Ernten dem Schöpfer überlassen.

1. Wenn du bemerkst, daß du in Gewohnheitsmustern steckst (sei es in Beziehungen, bei der Arbeit oder in anderen Lebenssituationen), die deinen Zielen nicht mehr dienen, dann benutze das Körpergebet des inneren Schreins, um Platz in dir zu schaffen und eine neue Reaktionsweise ins Auge zu fassen. Manchmal siehst du während des Gebets vielleicht etwas, das dir unverständlich erscheint. Dann atme *abwûn* und bitte Gott um Klärung. Die Handlung wird sich nie gegen dein eigenes Gewissen richten. Male sie dir so deutlich aus, daß du sie körperlich fühlen kannst. Wenn die Situation dann da ist, handele aus dem Herzen, bevor es deinem Verstand gelingt, dich in eine gewohnheitsmäßige Reaktion zurückzuzerren.

2. Lege eine Liste an von dem, was du in deinem Leben – persönlich wie global – als Mangel empfindest. In einer zweiten Liste schreibe auf, was dich in deinem Leben inspiriert, sowohl deine persönlichen Qualitäten und Fähigkeiten als auch die Kräfte um dich her auf der Erde. Vergleiche die Gefühle miteinander, die du beim Erstellen der beiden Listen

hattest, und bewege sie gemeinsam in deinem Herzen. Während du dies tust, schau nach, welche Beziehung du findest zwischen dem, was du dir wünscht, und dem, was sich erfüllt hat in deinem Leben (wie auch im Leben der ganzen Erde). Was sind die wichtigsten Bereiche, die zu verändern wären? Anhand der beiden Listen vergleiche diese Bereiche mit der Art und Weise, wie du die meiste Zeit deines Lebens verbringst. Atme dabei friedlich und im Rhythmus des Gebets, und laß dich weder von Schuldgefühlen noch von Selbstzufriedenheit beeinflussen. Benutze diesen Prozeß als Plan für deine kurzfristigen wie langfristigen Ziele. Finde gleich jetzt eine Handlung, bei der du die neue Einsicht ausprobierst, egal wie gering sie ist.

3. Leg dich für einige Minuten an einem ruhigen bequemen Ort hin, und kehre in den Schrein deines inneren Herzens zurück. Nimm dein Knochengerüst wahr und fühle, wie es von der Erde getragen wird. Fühle, daß genau dein eigenes Gewicht getragen wird – nicht mehr und nicht weniger. Visualisiere und fühle das Knochenmark tief in dir, das einen wesentlichen Anteil am Immunsystem hat. Zellen des Knochenmarks sind für die Bildung von Antikörpern verantwortlich, die mit allem verschmelzen, was in den Körper eindringt und als »Nicht-Selbst« angesehen wird. Andere Immunzellen, die aus der Thymusdrüse in der Nähe des Herzens stammen, wandern durch den Körper und senden die Informationen darüber aus, was in diesem Augenblick gerade gebraucht wird. Visualisiere die Festigkeit der Knochen und die Weite des Herzens, und fühle die natürliche Kraft des Körpers, das *Nicht-Selbst* in *Selbst* zu verwandeln – mit dem »Feind« zu verschmelzen und ihn zu einem Teil der Einheit, zum Teil des Ganzen, zu

machen. Verbinde dich für einige Minuten mit dem tiefen Pulsieren des Körpers zu einem Gebet für die Einheit der Welt.

Denke dabei auch daran, welch große Bedeutung die Krankheiten des Immunsystems in unserer heutigen Gesellschaft haben. Was haben wir über »Unterschiede« und »Feinde« zu lernen?

5. Der Segen der Erdhaftigkeit: der nächste Schritt

Hawvlân lachma d'sûnkanân jaomâna

ܗܒ ܠܢ ܠܚܡܐ ܕܣܘܢܩܢܢ ܝܘܡܢܐ.

(Lutherbibel: Unser tägliches Brot gib uns heute.)

Gewähre uns täglich, was wir an Brot und Einsicht brauchen:
das Notwendige für den Ruf
des wachsenden Lebens.

Gib uns die Nahrung, die wir brauchen,
um durch jeden neuen Tag zu wachsen, durch jeden Einblick
in das, was das Leben braucht.

Laß Erdhaftigkeit das Maß unserer Bedürfnisse sein:
Gib uns alle Dinge einfach, grünend,
leidenschaftlich.

Erschaffe in und für uns das Mögliche:
jeden einfachen menschlichen Schritt nach Hause
hell beleuchtet.

Hilf uns zu erfüllen, was innerhalb unseres
Lebenskreises liegt: Jeden Tag erbitten wir nicht mehr
und nicht weniger.

Beseele die Erde in uns: Dann fühlen wir
die zugrundeliegende Weisheit,
die alles trägt.

Erzeuge durch uns das Brot des Lebens: Wir behalten nur das, was nötig ist, um den nächsten Mund zu füttern.

Gewähre uns täglich, was wir an Brot und Einsicht brauchen.

Anmerkungen zum Text

Das bedeutungsreiche Wort *lachma* heißt sowohl »Brot« als auch »Einsicht« – Nahrung für alle Arten von Wachstum und das gesamte elementare Leben überhaupt. Es ist abgeleitet von einer Wortwurzel, die sich auf das göttliche Weibliche – *HMA* – bezieht und die wachsende Lebenskraft, Grünen, Wärme, Leidenschaft, Möglichkeit bezeichnet, sowie alle Instrumente dieser Zeugungskraft. Aus dieser Wortwurzel stammt das Wort *hochma,* das in den Sprüchen Salomos als »heilige Weisheit« übersetzt wurde. Wie wir zuvor gesehen haben, weisen die *h*- und *u*-Laute auf den Atem hin, in diesem Fall den Atem, der mit dem ewigen Ruf der Mutter – *ma* – zur Erde zurückkehrt und wieder von der Erde ausströmt. Später wurde diese Wortwurzel im Griechischen mit *Sophia* wiedergegeben, die als Verkörperung aller weiblichen Weisheit galt. *Sûnkanân* bezieht sich auf Bedürfnisse, es kann aber auch »eine erleuchtete Maßnahme«, »ein Besitzkreis« oder »ein Nest« heißen. *Hawvlân* bedeutet »etwas geben« (was dem Menschen nützlich oder bekömmlich ist), »menschlich erzeugen«, »mit Leben und Seele erschaffen« oder »mit Frucht beseelen«. Dieser Teil des Gebetes erinnert uns in vieler Hinsicht daran, daß wir nicht nur die großartige Vision der Einheit von Gottes Schöpfung brauchen, sondern auch den nächsten Schritt: die Nahrung oder Einsicht für genau diesen Augenblick.

In der ersten Hälfte des Gebetes erinnern wir uns an das All-Eine und fühlen uns vom Kosmos gesegnet. In der zweiten Hälfte beginnen wir einen neuen Zyklus des Segens auf erdhafte und praktische Weise, indem wir uns gegenseitig anschauen und uns an die göttliche Vielfalt erinnern. Dieser Abschnitt des Gebetes führt uns von der Erde aus aufwärts. Das Gebet drängt uns, über eine eher introvertierte Form der Spiritualität hinauszugehen und alle Aspekte unseres Umgangs mit anderen miteinzubeziehen. Indem es uns an die »Einsicht« erinnert, weist es auf das hin, was immer da ist und uns trägt – Mutter Erde. Wir können dieses Tragen Wirklichkeit werden lassen, indem wir uns gegenseitig nähren. Wir können den Ursprung dieses Brotes auch ehren, indem wir nicht horten oder von der Erde mehr fordern, als wir brauchen; auf diese Weise respektieren wir die Urquelle unserer Nahrung.

Körpergebete

Eines der kostbarsten Geschenke, die wir einander als Menschen jeden Tag und jeden Moment geben können, ist unser Verständnis und unsere Unterstützung im Rahmen unserer Möglichkeiten und Grenzen. Indem wir miteinander auf einfache Weise im Hier und Jetzt in Kontakt treten, haben wir teil an der wirklichen Verkörperung. Vielleicht hat Jesus auch das gemeint, als er in der Nacht, bevor er starb, das Brot brach und sagte: »Dies ist mein Leib.« Vielleicht hat er seine Jünger wieder auf einfache, menschliche Belange verweisen wollen: auf die Notwendigkeit, jemandem Nahrung zu geben, der hungrig ist, oder jemanden zu besuchen, der krank ist oder im Gefängnis.

1. Lege dich flach hin, und fühle die Tragkraft der Erde in deinen Knochen: Laß deine Aufmerksamkeit in deinem Körper von einem Punkt zum anderen wandern, und spüre überall dorthin, wo du von unten her Unterstützung durch die Erde fühlst. Scheint eine Schulter mehr Kontakt zu haben als die andere? Oder eine Hüfte mehr als die andere? Indem du diese kleinen Unterschiede feststellst, nimm wahr, wie du auf körperlicher Ebene mit der Erde verbunden bist. Dann steh langsam auf und gehe meditativ, Schritt für Schritt. Fühle dabei die Tragkraft der Erde in all deinen Knochen. Forschungen haben ergeben, daß zum Gehen eigentlich sehr wenig (oder gar keine) Muskelarbeit erforderlich ist. Es ist möglich, die Schwerkraft und die auf Sehnen und Knochen wirkende Tragkraft der Erde die Arbeit tun zu lassen, indem man sich etwas nach vorn lehnt und sich »gehen läßt«.
Während du gehst, spür nach, in welchem Maße du dich von der Erde fernhältst oder dich schwerfällig auf ihr bewegst. Fühle dich von der Erde getragen, mit allem, was du ihr anbietest, mit allem, was du bist, mit deinem Recht, hierzusein, ohne dich ständig um irgend etwas bemühen zu müssen. Dies ist eine gute Meditation, um mit den Körpergefühlen von Segnung und Selbstachtung zu arbeiten. Du kannst deine Meditation auch erweitern, indem du über die Art und Weise nachdenkst, wie wir uns als Menschen auf der Erde bewegen: Die Erde bewahrt eine Erinnerung daran, wie wir sie behandeln. Wenn wir sie nicht mehr unterdrücken und von ihr nicht verlangen, mehr als unser eigenes Gewicht zu tragen, uns aber auch nicht von ihr fernhalten durch einen abgehobenen, introvertierten Pietismus, dann fangen wir an, das Gleichgewicht des Planeten wiederherzustellen. Wie Jesus gesagt hat: »Weide meine Lämmer ... weide meine Schafe.« (Johannes 21:15–16)

2. Das folgende Körpergebet läßt sich am besten zu zweit machen. Eine Person legt sich hin und erlebt ihr eigenes Gefühl der Unterstützung durch Mutter Erde. Der Partner sitzt zu Füßen des anderen und nimmt ebenfalls die Tragkraft der Erde bewußt in seinen Knochen wahr. Hebe nun langsam und sanft ein Bein deines Partners an; spürt dabei beide die Unterstützung von unten her. Laßt den Kontakt einfach sein, ohne Erwartungen und Forderungen. Fühlt ein oder zwei Minuten lang gemeinsam die Tragkraft der Erde. Für den liegenden Partner werden vielleicht im Prozeß tieferwerdender Entspannung und des Loslassens mehr und mehr Empfindungen und Gefühle wahrnehmbar.
Wenn die Berührung durch den Partner beendet ist, kann der Liegende vielleicht Unterschiede zwischen seinen beiden Körperseiten wahrnehmen. Setzt die Meditation fort, indem auch das andere Bein angehoben wird. Danach laß den liegenden Partner in seinem eigenen Tempo zum Stehen kommen – so als stünde er zum erstenmal auf – und wahrnehmen, welche Veränderungen in der Tragkraft er dabei fühlt. Anschließend können die Partner wechseln und sich darüber austauschen, was sie in der gemeinsamen Meditation über *lachma,* das Brot des Lebens und der Einsicht, erfahren haben.

3. Sprich das Wort *lachma* (lah-ch-mah) langsam aus und fühle, wie es nach innen hin dichter wird. Es gibt immer noch mehr, durch das wir uns hindurcharbeiten müssen, und das Wort erinnert uns daran, die Dinge Schritt für Schritt anzugehen, nichts über unsere jetzigen Bedürfnisse hinaus zu erzwingen. Was brauchen wir für *diesen Moment* unseres Lebens?

6. Loslassen, Herzschlag für Herzschlag

Waschboklân chaubên (wachtahên) aikâna
daf chnân schvoken l'chaijabên

ܘܫܒܘܩ ܠܢ ܚܘܒܝܢ܆ ܐܝܟܢܐ ܕܐܦ ܚܢܢ ܫܒܩܢ ܠܚܝܒܝܢ܂
ܘܫܒܘܩ ܠܢ ܚܛܗܝܢ܆

(Lutherbibel: Und vergib uns unsere Schuld, wie auch wir vergeben unsern Schuldigern.)

Löse die Stränge der Fehler, die uns binden,
wie wir loslassen, was uns bindet
an die Schuld anderer.

Vergib uns unsere verborgene Vergangenheit,
unsere heimlichen Missetaten, wie wir ständig vergeben,
was andere vor uns verborgen halten.

Erleichtere uns von der Last geheimer Schuld,
wie wir andere entbinden von der Notwendigkeit
zurückzuzahlen.

Lösche die inneren Spuren unserer Fehler,
wie wir unsere Herzen reinwaschen
von den Fehlern anderer.

Nimm unsere enttäuschten Hoffnungen und Träume in Dich
auf, wie wir die der anderen umarmen
mit Leere.

Löse unsere inneren Knoten, so daß wir fähig sind,
unsere einfachen Herzensbindungen zu anderen
zu verbessern.

Kompostiere unsere innere gestohlene Frucht,
so wie wir anderen die Beute ihrer
Übergriffe vergeben.

Löse die Stränge der Fehler, die uns binden,
wie wir loslassen, was uns bindet
an die Schuld anderer.

Anmerkungen zum Text

Während die vorhergehende Zeile eine mehr körperliche erdhafte Art der Segnung ausdrückt, verlangt diese ein tieferes Loslassen: Vergebung. Dies ist ein weiteres Geschenk, welches wir uns gegenseitig machen können, eine Gelegenheit, Fehler loszulassen, die uns selbst und andere in »Knoten« verstricken. Wir vergeben uns dabei nicht nur Übergriffe, die uns selbst untereinander galten, sondern auch Übergriffe der Erde und all ihren Lebewesen gegenüber.
Außer durch das Wort »Vergeben« können die Wurzeln des ersten Wortes (wa)*schboklân* auch übersetzt werden mit »Rückkehr zum ursprünglichen Zustand«, »gegenseitiges Aufnehmen«, »Neuaufbau von einfachen Verbindungen zu anderen« und »Umarmen mit Leere«. Das Gebet versichert uns noch einmal, daß unser ursprünglicher Zustand klar und unbelastet ist und daß unsere »einfachen« Verbindungen zur Schöpfung darauf beruhen, daß wir uns mit jedem Atemzug, den wir tun, gegenseitig freilassen.

In der Matthäus-Version des Gebetes wurde das Wort *chaubên* mit »Schuld« oder »Vergehen« übersetzt. Alternative Bedeutungen sind »verborgene Vergangenheit«, »heimliche Schuld«, »versteckter gestohlener Besitz« und jede »innere Frucht«, die einen schlechten Einfluß auf den Geist und die Seele hat. In der Lukas-Version des Gebetes wird das Wort (wa)*chtahên* gebraucht und meistens mit »Sünden« übersetzt. Vom Aramäischen her könnte es auch »Vergehen«, »Fehler«, »unbeabsichtigte Kränkungen«, »enttäuschte Hoffnungen« oder »verwickelte Fäden« heißen, wobei letzteres mit einschließt, daß es einiges auszubessern oder wiederherzustellen gibt. Ich habe mich entschieden, beide Wörter in diese Version miteinzubeziehen, da sie einander im Klang sehr ähnlich sind. Es ist wahrscheinlicher, daß Jesus beide gebraucht hat, statt nur eins von beiden. Das Wort *aikâna* (»genauso wie«) erinnert uns (wie in Zeile 4) daran, daß wir das Loslassen dauerhaft und regelmäßig üben müssen, wenn wir wollen, daß unsere verknoteten Beziehungen heil und stabil werden.

Körpergebete

Der Klang dieser Zeile bringt uns zum pulsierenden Gefühl des Herzens und des Blutes zurück, welches uns durchströmt und durchflutet. Wir werden aufgefordert, alles Unerwünschte loszulassen, wie unser Blut es tut, das den Abfall aus dem gesamten Körper zu den Lungen hintransportiert, wo er mit jedem Atemzug ausgeschieden wird.

1. Lege dich bequem hin. Fühle deinen Herzschlag und das Pulsieren des Blutes, und konzentriere dich auf seine befrei-

ende Kraft. Wenn es dir schwerfällt, dein Blut pulsieren zu fühlen, lege eine Hand leicht gewölbt in die Nähe deines Herzens. Statt aktiv nach dem Puls zu *suchen,* laß deine Hand »empfänglich« sein und dem Herzschlag *lauschen.* Fühle und visualisiere, wie das Blut alles zu den Lungen bringt, was in diesem Moment losgelassen werden möchte, damit es ausgeatmet werden kann. Mit jedem Atemzug fließt neues Leben in dich hinein, um alle Zellen des Körpers neu zu versorgen. Wenn die pulsierende Eigenschaft dieser »Körpervergebung« gefühlt wird, entspannen sich auch die Muskeln, um den Venen, Arterien und Kapillaren mehr Raum zu geben und eine leichtere Durchblutung zu ermöglichen. Spannungen der Vergangenheit, die in den Muskeln festgehalten waren, beginnen sich aufzulösen, ebenso wie alte Angewohnheiten und »Panzer«, die wir manchmal mit unserem natürlichen Selbst verwechseln. Vielleicht schwang dies in Jesu Worten mit, als er in der Nacht vor seiner Kreuzigung einen Kelch mit Wein anbot und sagte: »Dies ist mein Blut, das für die Auflösung von Fehlern und Vergehen gegeben wird.«

2. Das obige Gebet kann man auch zu zweit machen, indem eine Person liegt und die andere ihre Füße anhebt (wie oben beschrieben). In diesem Fall geht es darum, daß beide Partner die Entspannung miteinander teilen. Sie verbinden ihre Körperbewußtheit auf der Ebene des Herzschlages und Blutes; die liegende Person empfängt Unterstützung durch die sitzende. Das gleiche kann auch in einer Gruppe im Stehen oder Sitzen geschehen, indem sich alle im Kreis an den Händen fassen und in Einheit mit dem Gruppenpuls meditieren. Wenn wir den tieferen Schichten in uns begegnen, den langsameren Rhythmen der Bewußtheit, finden wir zu einem körperlichen Ur-

sprung von Meditation. Vergebung geschieht hier, *jetzt* – nicht außerhalb und anderswo.

3. Versuche die Worte dieser Gebetszeile in Töne umzusetzen; das braucht Geduld. Die vielen *ch*-Laute bringen uns immer wieder zu Stellen im Körper zurück, wo Loslassen nötig ist. Die Töne selbst scheinen uns mitzuteilen, daß wir unsere Verknotungen anerkennen und sie uns eingestehen müssen, bevor sie aufgelöst werden können, einschließlich der Verletzungen, die wir uns selbst zufügen. Im Aramäischen gibt es vier Stufen des *h*-Lautes: weich, mittel, hart und sehr hart. Vom mystischen Standpunkt her beziehen sich die Stufen auf die uranfängliche Lebenskraft, die sich immer mehr manifestiert. Der *h*-Laut in den obigen Worten entspricht der zweiten Stufe: Das fehlgeleitete Leben ist noch nicht total verfestigt, es besteht noch eine Chance zur Erneuerung.

7. Erinnerung: die Geburt einer neuen Schöpfung und Freiheit

Wela tachlân l'nesjuna
ela patzân min bischa

ܘܠܐ ܬܥܠܢ ܠܢܣܝܘܢܐ܇
ܐܠܐ ܦܨܢ ܡܢ ܒܝܫܐ.

(Lutherbibel: Und führe uns nicht in Versuchung, sondern erlöse uns von dem Bösen.)

Laß oberflächliche Dinge uns nicht irreführen,
sondern befreie uns von dem, was uns
(von unserem wahren Ziel) zurückhält.

Laß uns nicht in Vergeßlichkeit geraten,
in die Versuchung der falschen
Erscheinungen.

(Auf das trügerische innere Schwanken –
wie eine im Winde flatternde Fahne –
mache uns aufmerksam).

Brich die Macht der Unreife,
den inneren Stillstand, der gute
Früchte verhindert.

(Vom Bösen der Ungerechtigkeit –
von den grünen Früchten und den verdorbenen –
befreie uns).

Laß uns weder vom Äußeren noch vom Inneren getäuscht sein,
befreie uns, so daß wir Deinen Weg
mit Freude gehen können.

Bewahre uns davor, falschen Reichtum zu horten, und vor
der inneren Scham, Hilfe nicht zur rechten
Zeit gegeben zu haben.

Laß oberflächliche Dinge uns nicht irreführen,
sondern befreie uns von dem, was uns zurückhält.

Anmerkungen zum Text

Diese beiden Zeilen sind wohl am wenigsten verstanden und – aufgrund der griechischen Fassung – am fehlerhaftesten übersetzt worden. In der aramäischen Version führt uns niemand von außen in Versuchung, am allerwenigsten Gott. *Wela tachlân* kann übersetzt werden mit »laß uns nicht eintreten«, »laß uns nicht verführt werden durch die äußere Erscheinung« oder »laß uns nicht anhäufen, was falsch oder illusorisch ist«. *Nesjuna* könnte mit »Versuchung« übersetzt werden; im aramäischen Sinne weist es auf etwas hin, das uns zu innerem Schwanken und Unruhe verführt und uns von unserer eigentlichen Lebensaufgabe ablenkt. Die alten Wortwurzeln rufen das Bild einer im Winde wehenden Fahne hervor, die hin und her flattert – wie unser Verstand, wenn er sich verunsichern läßt durch die Verführungen des Materialismus (einschließlich des spirituellen Materialismus). Es ist ein Bild der Vergeßlichkeit: ein Sich-selbst-Verlieren in den Erscheinungen, eine Unfähigkeit, tiefer zu schauen, wenn die Situation es erfordert. In den vorhergehenden Zeilen haben wir uns mit dem »Sichgegenseitig-Nähren« und mit dem Mitgefühl (Vergebung) beschäftigt. Nun gelangen wir wieder an den Punkt, wo wir unsere eigenen Begrenzungen sehen, wie auch den Schmerz und das Leiden, das wir uns selbst und der Schöpfung zufügen. Das Gebet erinnert uns daran, unseren Ursprung in der Schöpfung und im göttlichen Atem nicht zu vergessen, uns aber auch nicht bei all dem zu »verschleißen«, was es zu tun gibt. Diese Zeile und die nächste, die dazugehört, führen uns einem Durchbruch zur Freude entgegen.

Ela patzân min bischa wurde übersetzt mit »sondern erlöse uns vom Bösen«. »Bischa« bedeutet »Böses« oder »Irrtum«, jedoch im hebräischen und aramäischen Verständnis von »Unreife« oder »unangemessene Handlung«. Die Wortwurzeln weisen uns sowohl auf etwas, das uns am Vorwärtsgehen hindert, als auch auf das innere Schamgefühl, keine guten Früchte hervorzubringen, also auf die richtige Handlung zur richtigen Zeit. *Patzân* könnte auch übersetzt werden mit »lockerlassen«, »freilassen«, oder »die Bande durchtrennen, die uns an etwas binden«.

Diese Zeile vollendet die Aussage der vorigen: Laß uns weder durch die Oberfläche des Lebens verleitet werden noch so sehr introvertiert und selbstbezogen sein, daß wir nicht mehr *zur richtigen Zeit* einfach und menschlich handeln können. Wir werden durch das Gebet daran erinnert, daß unsere Ideale – Heiligkeit, Frieden und Einheit eingeschlossen – uns manchmal in die Vergangenheit oder in die Zukunft versetzen, wodurch es uns schwerfällt, in der Gegenwart zu sein: dort wo Hilfe gerade gebraucht wird.

Der Klang dieser beiden Zeilen erlaubt unserem Atem – nach der Dichte der vorhergehenden Zeilen – wieder feiner zu werden. In diesen Zeilen wird nicht behauptet, daß es Vergeßlichkeit (Versuchung) oder Unreife (Böses) niemals geben wird. Weder unsere Begrenztheit noch die unreifen Handlungen gegenüber Menschheit und Natur werden geleugnet, deren Wiedergutmachung unsere Verantwortung ist. Das Gebet erinnert uns vielmehr daran, sie ins göttliche Licht der Ganzheit zu bringen. Wir können unsere begrenzenden Vorstellungen loslassen, auch die Vorstellungen über das Gebet, über das wir gerade meditieren. Wir können sowohl unser Konzept der Einheit fallenlassen wie unser Konzept der Getrenntheit. Am Ende sind beide nur Tore, Finger, die auf die unsagbare und geheimnisvolle Wirklichkeit hindeuten.

1. Finde einen Platz, wo du ungehindert und unbeschwert eine Meditation im Gehen machen kannst – entweder in der Natur oder in einem Raum, in dem du zwanglos im Kreis gehen kannst. Beim Gehen achte mit jedem Schritt bewußter auf das Auftreten deiner Füße auf den Boden genau *jetzt,* in diesem Augenblick. Geh einfach und sei ganz gegenwärtig. Wenn dir ein Teil deiner selbst bewußt wird, der Widerstand leistet, dann nimm ihn in deine Aufmerksamkeit und akzeptiere ihn. Fahre fort, alle auftauchenden Gedanken und Gefühle mit einzuschließen und anzunehmen. Während du gehst, fühle dich ganz und gar in die Gegenwart Gottes aufgenommen.

2. Bei den Buddhisten gibt es die Tradition des Maitreya, eines *Bodhisattvas* oder »Erleuchtungswesens«, das eingewil-

ligt hat, auf die eigene Erlösung so lange zu verzichten, bis sie von allen Lebewesen erlangt ist. Die beiden Zeilen des Gebetes wollen etwas Ähnliches vermitteln. Auch jener Teil in uns, der sich so anfühlt, als sei er der letzte, der zur göttlichen Gegenwart erwacht, erfüllt seinen Zweck in Gottes Universum. Vergeßlichkeit und Unreife können Schlüssel zu unserer eigenen Vervollkommnung sein; sie können uns als Bewohner der Erde zusammenführen, indem wir erkennen, wie verwundbar Leben sein kann. In einer Gehmeditation aus der buddhistischen Tradition werden wir aufgefordert, ruhig und gelassen so zu gehen, als wandelten wir auf den Köpfen aller Lebewesen – nicht zimperlich oder uns von der Erde fernhaltend, sondern mit Mitgefühl und einem offenen Herzen.

8. Die Feier der kosmischen Erneuerung

Metol dilachie malkutha wahaila wateschbuchta
l'ahlâm almîn
Amên

ܡܛܠ ܕܕܝܠܟ ܗܝ ܡܠܟܘܬܐ ܘܚܝܠܐ ܘܬܫܒܘܚܬܐ ܠܥܠܡ ܥܠܡܝܢ ܐܡܝܢ

(Lutherbibel: Denn Dein ist das Reich und die Kraft und die Herrlichkeit in Ewigkeit. Amen.)

Aus Dir kommt der allwirksame Wille, die lebendige Kraft
zu handeln, das Lied, das alles verschönert
und sich von Zeitalter zu Zeitalter erneuert.

Zu Dir gehört jedes fruchtbare Wirken:
Ideale, Energie, glorreiche Harmonie –
in jedem kosmischen Zyklus.

Aus Dir kommt das Königinnen- und Königreich –
die herrschenden Grundsätze, das »ich kann«
des Kosmos …

Aus Dir stammt die vitale Kraft, die alles Leben
schafft und erhält,
jede Tugend …

Aus Dir kommt das erstaunliche Feuer,
die herrliche Kraft der Neugeburt, die Licht und Klang
in den Kosmos zurückbringt …

Immer wieder, von jeder universalen Zusammenkunft –
von Kreaturen, Nationen, Planeten, Zeit und Raum –
zur nächsten.

Wahrhaftig – Lebenskraft diesen Aussagen!
Mögen sie der Boden sein, aus dem alle meine Handlungen erwachsen. Besiegelt im Vertrauen und Glauben.
Amen.

Anmerkungen zum Text

Die Gelehrten sind sich nicht einig, ob diese Zeile ursprünglich in Jesu Gebet enthalten war. Die Diskussion dreht sich vor allem darum, wie alt und maßgeblich die aramäische Peshitta-Version des Matthäus-Evangeliums ist (siehe Einleitung), denn in der Matthäus-Version ist die Zeile enthalten, in der Lukas-Version nicht. Ich selbst neige zu einem Kompromiß, wie ihn zum Beispiel Joachim Jeremias (1964) beschrieben hat. Jeremias stellt fest, daß – in Übereinstimmung mit der Schlußformel anderer jüdischer Gebete – das Ende, wenn nicht genau so, dann doch ähnlich ausgefallen sein muß. Außerdem faßt im Aramäischen dieser Abschluß die Hauptthemen noch einmal gut zusammen und wiederholt kurz die spiralförmige Reise des Gebetes.
Am Schluß kehren wir also zur kreativen Schau Gottes zurück, zu der Kraft, die Visionen zu verwirklichen, und zur Schönheit, die den Visionen Anmut und Kunstfertigkeit verleiht. Die alten Wortwurzeln von *dilachie* beinhalten mehr als die bloße Vorstellung von Besitz (denn Dein ist das Reich ...): Sie weisen noch einmal auf ein Bild vom Pflanzen hin, ein frucht-

bares, reiches Feld, wo alles wachsen kann. In *malkutha* wird das Thema des kosmischen »ich kann« wieder aufgenommen, der königlichen Kraft, von der das Universum durchdrungen ist. *Haila* bezieht sich auf die Lebenskraft oder Energie, welche hervorbringt und erhält. Es geht dabei nicht um »Macht über«, sondern um Macht im Einklang mit der natürlichen Schöpfung. *Teschbuchta* kann mit »Herrlichkeit« übersetzt werden; dabei schwingt auch die Vorstellung eines »Gesanges« mit – einer wunderbaren Harmonie, die die physische Wirklichkeit durch göttliches Licht und göttlichen Klang ins Gleichgewicht bringt. Die Wurzeln des Wortes vermitteln auch das Bild eines »Feuers, welches gebiert und uns in Erstaunen versetzt«.

L'ahlâm almîn ist eine aramäische Redewendung und heißt »von Zeitalter zu Zeitalter«. Die Übersetzung »in Ewigkeit« ist viel zu abstrakt. Die aramäischen Wurzeln bedeuten wörtlich »von Zusammenkunft zu Zusammenkunft«. Die alte nahöstliche Weltanschauung sah den ganzen Kosmos – Kraft, physische Wirklichkeit, Planeten, Natur, Menschenwesen – als ein langsames Sichversammeln und Wiederauseinandergehen. Diese zyklische Folge von Zusammenkünften bestimmte das damals herrschende Verständnis von Zeit oder »Zeitaltern«. Ein solches Verständnis stimmt überein mit gewissen Entdeckungen der neueren Physik und kann uns als Heilmittel dienen für unsere moderne Vorstellung einer gehetzten Zeit, die »aus den Fugen geraten« ist.

Das Wort *amên* besiegelte im Nahen Osten Vereinbarungen: Es war ein feierlicher Eid (und wahrscheinlich mehr wert als unsere schriftlichen Verträge). Dieses Wort, welches man mit »wahrhaftig« übersetzen kann, hatte den Sinn, den Worten oder Formeln, die ihm vorangingen, »Kraft zu verleihen«.

(Dieser Sinn wurde in der Tradition der amerikanischen Gospel-Musik aufgenommen und fortgeführt.) Die älteren Wortwurzeln von *amên* bezeichnen einen Boden, auf dem in Zukunft etwas Besonderes wachsen wird. Dieselbe Klangbedeutung kann man bis zu dem alten ägyptischen heiligen Wort *Ament* zurückverfolgen, das auf den geheimnisvollen Grund des Seins oder auf die Unterwelt hinweist, wo die Geheimnisse von Leben, Tod und Wiedergeburt verborgen liegen. Der Klang des ausgesprochenen Wortes erinnert an den Klang der Glocke am Ende einer Zen-Meditation. In diesem Augenblick kommen alle Teile des Selbst wieder zusammen, sofort und unmittelbar ... Das Heilen – oder das Heilmachen – geschieht immer im Hier und Jetzt.

Körpergebete

1. Mit einem sanften Ein- und Ausatmen fühle in dir die verschiedenen Stationen der Reise, in die das Gebet dich geführt hat. Ohne dich auf seine Vorstellungsinhalte zu konzentrieren, nimm die Gefühle oder Körperempfindungen an, die das Gebet hervorgerufen hat, und versammle sie im inneren Tempel deines Herzens. Einige dieser Gefühle mögen angenehm sein, einige unangenehm. Versammle sie alle in dir, und betrachte sie als heil und vollkommen in Gottes Universum, während sie sich langsam wieder auflösen, um zu ihrer Quelle zurückzukehren.

2. Schließe deine Augen, und höre in dir den Klang des Wortes *amên*. Fühle den Boden der Erde unter dir, aus dem der Grund deines Seins hervorgeht, während die verschiede-

nen Teile deines Selbst sich sammeln und vereinen, um voller Lebendigkeit vorwärtszugehen. Während du deinen nächsten Schritt bedenkst – für diesen Tag oder für dein Leben –, atme ein und fühle *amên*, atme aus und fühle *amên*. Sage *amên* und öffne deine Augen.

Das Vaterunser (eine Neuübersetzung aus dem Aramäischen)

O Gebärer(in)! Vater-Mutter des Kosmos,

Bündele Dein Licht in uns – mache es nützlich:

Erschaffe Dein Reich der Einheit jetzt.

Dein eines Verlangen wirkt dann in unserem –
wie in allem Licht, so
in allen Formen.

Gewähre uns täglich, was wir an Brot und Einsicht brauchen.

Löse die Stränge der Fehler, die uns binden,
wie wir loslassen, was uns bindet
an die Schuld anderer.

Laß oberflächliche Dinge uns nicht irreführen,
sondern befreie uns von dem, was uns zurückhält.

Aus Dir kommt der allwirksame Wille, die lebendige Kraft
zu handeln, das Lied, das alles verschönert
und sich von Zeitalter zu Zeitalter erneuert.

Wahrhaftig – Lebenskraft diesen Aussagen!
Mögen sie der Boden sein, aus dem alle meine Handlungen
erwachsen.

Amen.

DIE SELIGPREISUNGEN

Die Seligpreisungen (aramäisch)

ܛܘܒܝܗܘܢ ܠܡܣܟܢܐ ܒܪܘܚ ܕܕܝܠܗܘܢ ܗܝ ܡܠܟܘܬܐ ܕܫܡܝܐ.

ܛܘܒܝܗܘܢ ܠܐܒܝܠܐ ܕܗܢܘܢ ܢܬܒܝܐܘܢ.

ܛܘܒܝܗܘܢ ܠܡܟܝܟܐ ܕܗܢܘܢ ܢܐܪܬܘܢ ܠܐܪܥܐ.

ܛܘܒܝܗܘܢ ܠܐܝܠܝܢ ܕܟܦܢܝܢ ܘܨܗܝܢ ܠܟܐܢܘܬܐ ܕܗܢܘܢ ܢܤܒܥܘܢ.

ܛܘܒܝܗܘܢ ܠܡܪܚܡܢܐ ܕܥܠܝܗܘܢ ܢܗܘܘܢ ܪ̈ܚܡܐ.

ܛܘܒܝܗܘܢ ܠܐܝܠܝܢ ܕܕܟܝܢ ܒܠܒܗܘܢ ܕܗܢܘܢ ܢܚܙܘܢ ܠܐܠܗܐ.

ܛܘܒܝܗܘܢ ܠܥܒ̈ܕܝ ܫܠܡܐ ܕܒܢܘܗܝ ܕܐܠܗܐ ܢܬܩܪܘܢ.

ܛܘܒܝܗܘܢ ܠܐܝܠܝܢ ܕܐܬܪܕܦܘ ܡܛܠ ܟܐܢܘܬܐ ܕܕܝܠܗܘܢ ܗܝ ܡܠܟܘܬܐ ܕܫܡܝܐ.

ܛܘܒܝܟܘܢ ܐܡܬܝ ܕܡܚܤܕܝܢ ܠܟܘܢ ܘܪܕܦܝܢ ܠܟܘܢ ܘܐܡܪܝܢ ܥܠܝܟܘܢ ܟܠ ܡܠܐ ܒܝܫܐ ܡܛܠܬܝ ܒܕܓܠܘܬܐ.* ܗܝܕܝܢ ܚܕܘ ܘܪܘܙܘ ܕܐܓܪܟܘܢ ܤܓܝ ܒܫܡܝܐ. ܗܟܢܐ ܓܝܪ ܪܕܦܘ ܠܢܒܝܐ ܕܡܢ ܩܕܡܝܟܘܢ.

Tubwêhûn l'meskenae b'ruch dilhounhie malkutha daschmâja.

Tubwêhûn lauwile d'hinnon netbajun.

Tubwêhûn l'makiche d'hinnon nertun arha.

Tubwêhûn lailên d'kafnên watzhên l'chenûta d'hinnon nisbhûn.

Tubwêhûn lamrachmanê dalechun nechwun rachme.

Tubwêhûn lailên dadkên b'lebhon d'hinnon nehsûn l'âlaha.

Tubwêhûn lahwdai schlamâ dawnau(hie) d'âlaha nitkarûn.

Tubwêhûn lailên detrdep metol chenûta dilhon(hie) malkutha daschmâja.

Tubwêhûn immath damhasdin l'chon waradpin l'chon wamrin elekon kul milla bischa metolath b'dagalûtha.

Haidên chadâw wa rwâzw dagarchun sgê baschmâja hakana gêr r'dapw l'nabija d'men q'damaikun.

Die Seligpreisungen (Lutherbibel)

Selig sind, die da geistlich arm sind;
denn ihrer ist das Himmelreich.

Selig sind, die da Leid tragen;
denn sie sollen getröstet werden.

Selig sind die Sanftmütigen;
denn sie werden das Erdreich besitzen.

Selig sind, die da hungert und dürstet nach der Gerechtigkeit;
denn sie sollen satt werden.

Selig sind die Barmherzigen;
denn sie werden Barmherzigkeit erlangen.

Selig sind, die reinen Herzens sind;
denn sie werden Gott schauen.

Selig sind die Friedfertigen;
denn sie werden Gottes Kinder heißen.

Selig sind, die um der Gerechtigkeit willen verfolgt werden;
denn ihrer ist das Himmelreich.

Selig seid ihr, wenn euch die Menschen um meinetwillen schmähen und verfolgen und reden allerlei Übles gegen euch, wenn sie damit lügen.

Seid fröhlich und getrost; es wird euch im Himmel reichlich belohnt werden. Denn ebenso haben sie verfolgt die Propheten, die vor euch gewesen sind.

(Matthäus 5:3–12.)

1. Jesus sagte:

Tubwêhûn l'meskenae b'ruch dilhounhie malkutha daschmâja

ܛܘܒܝܗܘܢ ܠܡܣܟܢ̈ܐ ܒܪܘܚ܆ ܕܕܝܠܗܘܢ ܗܝ ܡܠܟܘܬܐ ܕܫܡܝܐ܂

(Lutherbibel: Selig sind, die da geistlich arm sind; denn ihrer ist das Himmelreich.)

Glücklich und auf das All-Eine ausgerichtet sind die, die ihr Zuhause im Atmen finden; ihnen gehört das innere Königreich und Königinnenreich des Himmels.

Gesegnet sind die, deren Atem verfeinert ist; sie werden, von Gottes Licht geführt,
ihre Leitprinzipien und Ideale finden.

Im Einklang mit der Quelle sind jene, die leben, indem sie Einheit atmen; ihr »ich kann« ist in dem von Gott enthalten.

Gesund sind diejenigen, die mit Hingabe am Geist des Lebens festhalten; was sie hält, ist das kosmische Gesetz in allem, was leuchtet und emporsteigt.

Unbestechlich und ganz eins mit sich selbst
sind jene, deren Atem eine leuchtende Sphäre schafft.
Sie hören das universale Wort und fühlen die
Kraft der Erde, es mit den eigenen Händen zu erfüllen.

Geheilt sind diejenigen, die sich der Verbindung mit dem Geist hingeben; der Plan des Universums offenbart sich durch ihre Form.

Anmerkungen zum Text

Die erste Seligpreisung wurde übersetzt mit: »Selig sind, die da geistlich arm sind; denn ihrer ist das Himmelreich.« Das aramäische Wort *meskenae* umfaßt sowohl das Bild eines festen Zuhauses oder Ruhepunktes und eines fließenden, runden, leuchtenden Bezirks als auch die Vorstellung, hingebungsvoll an etwas festzuhalten, ohne das man sich »arm« vorkäme. Das Wort *ruch* kann als »Geist«, »Atem«, »Seele« übersetzt werden: was immer uns bewegt, anregt, beseelt und mit dem Leben verbindet.
Die griechischen Übersetzer scheinen hilflos gewesen zu sein angesichts dieser Bedeutungsvielfalt, die mit der Vorstellung verbunden ist, daß das gesamte Universum von einem kosmischen Lebensatem, dem *rucha d'kudscha* oder »heiligen Atem« erfüllt ist. »Arm im Geist« ist eine traditionelle aramäische Wendung, die – nach George Lamsa (1936) – demütig oder bescheiden bedeutet. Darüber hinaus sagen die Wortwurzeln aus, daß ein Mensch, der durch seinen Atem auf Gott ausgerichtet ist, sich nicht unangemessen zur Geltung bringt. Seine Bereitschaft zum Handeln ruht in der ewigen Stille von Gottes Namen.
Wie wir im Vaterunser gesehen haben, ist *malkutha* ein Wort, das Jesus oft gebrauchte. Es ist das »Ich kann«, das Königinnenreich und Königreich des Universums, auf persönlicher wie auf kosmischer Ebene. In diesem Fall erstreckt sich das

»ich kann« auf alle Bereiche von Licht, Vibration und Namen: *Daschmâja* ist eine andere grammatische Form von *d'ba-schmâja* aus der ersten Zeile des Vaterunser.

Körpergebet

Wenn du das Gefühl hast, mit dir selbst oder deiner Umgebung nicht im Einklang zu sein, dann übe das Ein- und Ausatmen, indem du innerlich den Klang des Wortes *rucha* oder *âlaha* fühlst. Laß den Rhythmus des Wortes und des Atems auf eine Weise miteinander verschmelzen, die sich natürlich anfühlt. Erlaube der Empfindung des Atems, den ganzen Körper zu berühren. Nach und nach laß das Wort los, und erlaube dem Gefühl deines Atems, den Teil in dir sanft zu wiegen, der sich am meisten vernachlässigt und von der Quelle des Lebens abgeschnitten fühlt.

2. Jesus sagte:

Tubwêhûn lauwile d'hinnon netbajun

ܛܘܒܝܗܘܢ ܠܐܒܝܠܐ ܕܗܢܘܢ ܢܬܒܝܐܘܢ.

(Lutherbibel: Selig sind, die da Leid tragen; denn sie sollen getröstet werden.)

Gesegnet sind jene, deren Gefühle aufgewühlt sind;
sie werden innen durch Liebe vereint werden.

Gesund sind die Schwachen und Überanstrengten;
sie werden ihren inneren Kraftfluß wiederfinden.

Geheilt sind die, die um ihre unerfüllten Wünsche weinen;
sie werden das Gesicht der Erfüllung in einer neuen Form erblicken.

In Übereinstimmung mit dem All-Einen sind die Trauernden;
sie werden getröstet werden.

Im Einklang mit der Quelle sind jene, die sich vom Leben verwirrt fühlen;
sie werden aus ihrem Umherirren zurückgeführt werden.

Anmerkungen zum Text

Diese zweite Seligpreisung wurde übersetzt mit: »Selig sind, die da Leid tragen; denn sie sollen getröstet werden.« *Lauwile* kann »Trauernde« heißen (wie aus dem Griechischen übersetzt), im Aramäischen deutet es auch auf diejenigen hin, die sehnlichst etwas erhoffen, die in Schwierigkeiten oder emotional aufgewühlt sind, oder auf jene, die schwach sind und in Not vor Verlangen. *Netbajun* kann heißen »getröstet«; es bezieht aber auch mit ein, vom Umherirren zurückgebracht zu werden, innen durch Liebe geeint zu werden, eine innere Kontinuität zu fühlen oder die Ankunft (wörtlich: das Gesicht) dessen zu sehen, wonach man sich sehnt.

Körpergebet

Wenn du emotional aufgewühlt bist – oder unfähig zu irgendeinem klaren Gefühl –, dann mache folgende Übung: Atme ein mit dem Wort *lauwile* (lau-wi-lee); atme aus mit dem Wort *netbajun* (net-bah-jun). Heiße alles willkommen, was du fühlst, und erlaube allen Emotionen durch dich hindurchzufließen, so als stündest du unter einem sanften Wasserfall. Folge dem Fließen zurück zu seinem Ursprung, und finde dort die Quelle, aus der alle Emotionen aufsteigen. Entscheide, welche Emotion in diesem Augenblick von Bedeutung ist, welche Handlung oder Nichthandlung *jetzt* für dich wichtig ist.

3. Jesus sagte:

Tubwêhûn l'makiche d'hinnon nertun arha

ܛܘܒܝܗܘܢ ܠܡܟܝܟܐ܆ ܕܗܢܘܢ ܢܐܪܬܘܢ ܐܪܥܐ܂

(Lutherbibel: Selig sind die Sanftmütigen; denn sie werden das Erdreich besitzen.)

Selig sind die Sanften; sie werden die Erde erben.

Gesund sind diejenigen, die das Harte in sich weich gemacht haben; ihnen wird aus dem Universum Lebenskraft und Stärke zuteil werden.

Ausgerichtet auf das All-Eine sind die Demütigen, die sich Gottes Willen unterworfen haben; sie werden mit der Schaffenskraft der Erde beschenkt werden.

Geheilt sind jene, die tief innerlich aus Schmerz über ihr unterdrücktes Verlangen geweint haben; sie werden im Einklang mit der Natur neu werden.

Eins mit sich selbst und unbestechlich sind die, die erstarrte Moral in sich aufgelöst haben; sie werden offen sein für die Früchte der Erde in ihrer ganzen Herrlichkeit.

Diese dritte Seligpreisung wurde übersetzt mit: »Selig sind die Sanftmütigen; denn sie werden das Erdreich besitzen.« *L'makiche* kann übersetzt werden mit »die Sanftmütigen«. Außerdem beziehen sich die alten Wortwurzeln aber auch auf jemanden, der das in sich weich gemacht hat, was vorher unnatürlich hart war; der sich Gott unterstellt oder hingegeben hat und der die Härte und Starre, insbesondere die moralische Starre, sowie die innere Qual des unterdrückten Verlangens in sich aufgelöst hat.

Nertun kann »erben« bedeuten, jedoch im erweiterten Sinne: Empfangen aus der universalen Quelle der Kraft *(AR)* und Gegenseitigkeit *(T)*. In diesem Fall heißt das also: Wenn wir die harten Stellen in uns weich machen, läßt uns das offener sein für die wirkliche Quelle der Kraft – für Gott, dessen Wirken die ganze Natur und die ganze irdische Welt durchdringt.

Körpergebet

Wenn du dich vom Geschäft des Lebens geschwächt fühlst, nimm dir einen Augenblick Zeit, um auf *makiche* (mah-kichee) einzuatmen und auf *arha* (ar-ha) auszuatmen. Fühle wie das, was angespannt ist, sich zu lösen beginnt. Stelle dir einen Lieblingsplatz in der Natur vor, wo du dir erlauben kannst, dich zu öffnen und vom Reichtum der Schöpfung in dich aufzunehmen. Besser noch: Begib dich an einen solchen Platz.

4. Jesus sagte:

Tubwêhûn lailên d'kafnên watzhên l'chenûta d'hinnon nisbhûn

ܛܘܒܝܗܘܢ ܠܐܝܠܝܢ ܕܟܦܢܝܢ ܘܨܗܝܢ ܠܟܐܢܘܬܐ܃ ܕܗܢܘܢ ܢܣܒܥܘܢ܂

(Lutherbibel: Selig sind, die da hungert und dürstet nach der Gerechtigkeit; denn sie sollen satt werden.)

Selig sind, die hungern und dürsten nach physischer Gerechtigkeit; sie werden umgeben sein von dem, was sie zum Erhalt ihres Körpers brauchen.

Gesund sind die, die ihren Mund dorthin wenden, wo sie eine neue universale Festigkeit empfangen; um sie her wird die Geburt einer neuen Gesellschaft stattfinden.

Auf das All-Eine ausgerichtet sind die, die bei Nacht wach liegen, geschwächt und innerlich ausgetrocknet durch den unnatürlichen Zustand der Welt; sie werden Befriedigung erlangen.

Geheilt sind jene, die ständig in sich verspüren: »Wenn ich doch eine neue Kraft und ein klares Ziel finden könnte, um mein Leben darauf aufzubauen«; sie werden von schöpferischer Kraft erfüllt sein.

In sich geeint und der Selbsttäuschung widerstehend, sind die, die sich danach sehnen, ein Fundament für den Frieden zwischen den streitenden Parteien ihres Selbst zu errichten; sie werden überall um sich her das Baumaterial dafür entdecken.

Diese Seligpreisung wurde übersetzt mit: »Selig sind, die da hungert und dürstet nach der Gerechtigkeit; denn sie sollen satt werden.« *Chenûta* wurde mit »Gerechtigkeit« übersetzt, im Deutschen ein recht vager metaphysischer Begriff. Das aramäische Wort bezieht sich sowohl auf einen inneren als auch auf einen äußeren Sinn für Gerechtigkeit: eine Grundlage, auf der die Dinge ruhen können, die Vollendung natürlicher Festigkeit. Dieses schließt ein Empfinden natürlicher innerer Richtigkeit mit ein – bezogen sowohl auf die verschiedenen Stimmen, die wir manchmal in uns fühlen, als auch auf die Widerspiegelung dieser Stimmen in der Gesellschaft.

Die ältesten Wurzeln des aramäischen Wortes *lailên* (»für jene«) gehen zurück auf das Bild eines Menschen, der in der Nacht wacht und bei Lampenlicht darauf wartet, daß etwas geschieht. Gemäß den ursprünglichen Wortwurzeln erschafft diese Art von Verlangen einen Strudel der Möglichkeit, welcher mit Kraft das in sich hineinzieht, was das Herz ersehnt. Die alte Klangbedeutung eines Wortes brachte hier das hervor, was wir Grammatik nennen: in diesem Fall ein grammatischer Zusammenhang, welcher Besitz und Richtung anzeigt und sich auf eine Person bezieht.

Das Wort *d'kafnên*, wörtlich »die Hungernden«, das mit Hunger übersetzt wurde, kann auch heißen »den Mund einer Sache zuwenden« oder »sich danach sehnen, den Körper zu stärken«. »Durst« (*tzhên*) vermittelt die Vorstellung, innerlich ausgedörrt, ausgetrocknet (oder »ausgebrannt«) zu sein. Wenn wir uns nach dem Gefühl innerer Gerechtigkeit und der Wiederherstellung des Gleichgewichts sehnen und es schließlich erlangen, begreifen wir den Zweck von Hunger und Durst. Sie haben in uns eine innere Leuchtkraft und Klarheit geschaffen: Die Entbehrung hat ihren Sinn gehabt. Wiederum eine Vorstellung vom Pflanzen ist enthalten in dem aramäischen Wort *nisbhûn*, »satt«, das auch heißen kann: »Von Früchten umgeben sein«, »immer wieder neu geboren werden« und »verbunden sein mit dem schöpferischen Prinzip«.

Körpergebet

Um zu mehr Klarheit in bezug auf eine Entscheidung zu gelangen, übe das Ein- und Ausatmen mit *chenûta* (che-nu-tah) oder stimme das Wort langsam auf einer Tonhöhe an. Fühle, wie die Resonanz des Endlautes *tah* das Herz öffnet. Wenn du etwas in deinem Leben entscheiden mußt, dann spüre das jeweilige Gefühl, das mit den verschiedenen Entscheidungsmöglichkeiten verbunden ist, und laß es mit der Empfindung des Atems und des Herzschlags verschmelzen. Bei welcher der Möglichkeiten spürst du, daß sich das Herz wie bei der Schlußsilbe »tah« öffnet? Atme mit diesem Klang ein und aus, und vertiefe dich in jede einzelne Möglichkeit, während du im Gehen meditierst. Vergleiche die Empfindungen in deinem Körper, oder, falls du nur eine allgemeine Richtung erforschen willst, schau nach, welche Bilder aus dem Atmen, dem Klang und dem Gehen in dem Moment entstehen, wo du zur Ruhe kommst.

5. Jesus sagte:

Tubwêhûn lamrachmanê dalehun nechwun rachme.

ܛܘܒܝܗܘܢ ܠܡܪ̈ܚܡܢܐ܇ ܕܥܠܝܗܘܢ ܢܗܘܘܢ ܪ̈ܚܡܐ܂

(Lutherbibel: Selig sind die Barmherzigen; denn sie werden Barmherzigkeit erlangen.)

Gesegnet sind, die aus ihrem inneren Schoß Gnade gebären; sie werden sich von ihr umhüllt fühlen.

Ausgerichtet auf das All-Eine sind die Mitfühlenden; ihnen soll Mitgefühl zuteil werden.

Gesund sind diejenigen, die Barmherzigkeit üben; sie werden ihre Gebete erhört finden.

Geheilt sind die, die einen langen, im Herzen gefühlten Atemzug dorthin senden, wo er gebraucht wird; sie werden die Glut kosmischer Inbrunst fühlen.

Im Einklang mit der Quelle sind jene, die vom tiefsten Innern her leuchten; auf sie werden die Strahlen der universalen Liebe scheinen.

Diese Seligpreisung wurde übersetzt mit: »Selig sind die Barmherzigen; denn sie werden Barmherzigkeit erlangen.« Die Schlüsselwörter *lamrachmanê* und *rachme* stammen beide von einer Wurzel, die von den Griechen mit »Barmherzigkeit« übersetzt wurde. Die Wortwurzel bedeutete ursprünglich »Mutterschoß« oder bezeichnete eine innere Regung, die sich vom Zentrum des Körpers her ausbreitet, Wärme und Inbrunst ausstrahlend. Dieselbe Wurzel bedeutet auch »Liebe«, »Mitgefühl«, ein »langgezogener Atemzug, der Barmherzigkeit verströmt« oder »eine Antwort auf Gebete«. Die Assoziation von Mutterschoß und Mitgefühl führt zur Vorstellung des »Gnade-Gebärens«. Wie Meister Eckhart in späteren Jahren schrieb: »Wir sind alle dazu bestimmt, Gottes Mütter zu sein.«

Körpergebet

Stimme langsam die Wortwurzel *rahm* (rah-hm) an, öffne dich, und erlaube dem Klang, bis zu den Knochen und Muskeln des Beckenbodens durchzudringen. Frage dich: Wie könnte ich mehr von meiner Liebe und meinem Mitgefühl im tiefsten Innern fühlen? Wie könnte ich meinen eigenen Geburtskampf nachempfinden und die Verbindung mit den Geburtsschreien der Erde und all ihren Lebewesen spüren?

6. Jesus sagte:

Tubwêhûn lailên dadkên b'lebhon d'hinnon nehsûn l'âlaha

ܛܘܒܝܗܘܢ ܠܐܝܠܝܢ ܕܕܟܝܢ ܒܠܒܗܘܢ : ܕܗܢܘܢ ܢܚܙܘܢ ܠܐܠܗܐ .

(Lutherbibel: Selig sind, die reinen Herzens sind; denn sie werden Gott schauen.)

Selig sind die im Herzen Beständigen; sie werden das All-Eine schauen.

Gesund sind die, deren Leidenschaft und Empfinden durchdrungen sind von einer tiefen dauerhaften Absicht; sie werden die Kraft sehen, die sich in allen Dingen regt und offenbart.

Ausgerichtet auf das All-Eine sind diejenigen, deren Leben von einem Kern der Liebe ausstrahlt; sie werden Gott überall erkennen.

Geheilt sind jene, die den Mut und die Kühnheit haben, sich innerlich reich zu fühlen; sie werden den Reichtum des Lebens in höchstem Maße schauen.

Unbestechlich sind die, deren natürliche Reaktion Sympathie und Freundschaft ist; sie werden von einem Blitz erleuchtet werden, dem Ursprung der Seelenbewegung in allen Kreaturen.

Diese Seligpreisung wurde übersetzt mit: »Selig sind, die reinen Herzens sind; denn sie werden Gott schauen.« *Dadkên* bezieht sich auf die, die »beständig« sind in Liebe und Sympathie, die einen natürlichen Sinn für Einfluß und Reichtum haben sowie eine feste, unbeirrbare Zielsetzung. Die alten Wortwurzeln erwecken die Vorstellung einer Blume, die einfach blüht, weil das ihre Natur ist.
Das Wort *lebhon,* das mit »Herz« übersetzt wurde, steht auch für jegliches Zentrum, von dem Leben ausstrahlt, für die Kombination von expansiver und erzeugender Kraft, die Vitalität, Verlangen, Zuneigung, Mut und Kühnheit in sich einschließt. *Nehsûn* könnte mit »sehen« übersetzt werden, es weist aber auch auf die innere Schau oder Kontemplation hin. Die alten Wortwurzeln rufen die Vorstellung eines Blitzes hervor, der plötzlich am Himmel aufleuchtet: So geschieht Einsicht. Die Wurzeln des Wortes *âlaha* deuten nicht nur auf »Gott« und das »All-Eine«, sondern auch auf die kosmische Kraft, die mit leidenschaftlicher Bewegtheit durch die Seelen aller Lebewesen wirkt. Eine andere Bedeutung der Wortwurzeln von *âlaha* bezieht sich auf die weitestgehende Ausdehnung einer kosmischen Kraft, die zugleich Identität besitzt und überall identifiziert werden kann als: Hier! Dieses!

Körpergebet

Um ein Gefühl für Vertrauen und Herz zu entwickeln, stimme das Wort *lebhon* (le-bh-oh-n) langsam – auf einer Tonhöhe – an. Visualisiere und fühle, wie der Klang in die Mitte deiner

Brust eindringt und von dort aus im ganzen Körper widerhallt (besonders während des *n*-Lautes). Fahre damit fort, indem du das Bild oder Gefühl einer Beziehung oder eines Projektes hinzufügst, denen du gerne auf den Grund gehen oder die du konsequent zu Ende führen möchtest. Beobachte und fühle, wie das Ergebnis entsteht, während du *nehsûn l'âlaha* (neh-sun l'a-lah-ha) anstimmst.

7. Jesus sagte:

Tubwêhûn lahwdai schlamâ dawnau(hie) d'âlaha nitkarûn.

ܛܘܒܝܗܘܢ ܠܥܒܕܝ ܫܠܡܐ܀ ܕܒܢܘܗܝ ܕܐܠܗܐ ܢܬܩܪܘܢ.

(Lutherbibel: Selig sind die Friedfertigen, denn sie werden Gottes Kinder heißen.)

Gesegnet sind die, die zu jeder Jahreszeit Frieden pflanzen;
sie werden die Kinder Gottes genannt werden.

Gesund sind die, die den Ton anstimmen, der vereinigt;
man wird sich an sie als Strahlen der einen Einheit erinnern.

Ausgerichtet auf das All-Eine sind die, die den Boden für friedliche Zusammenkünfte vorbereiten; sie werden zu Brunnen der Lebendigkeit.

Ganz bei sich sind diejenigen, die sich innerlich freudig mit sich selbst versöhnen; sie werden das Siegel kosmischer Identität tragen.

Geheilt sind jene, in denen die Frucht des Mitgefühls und der Sicherheit für alle reift; sie werden das Kommen von Gottes neuer Schöpfung beschleunigen.

Diese Zeile wurde übersetzt mit: »Selig sind die Friedfertigen; denn sie werden Gottes Kinder heißen.« *Lahwdai* bezieht sich auf diejenigen, die eine Handlung nicht nur durchführen, sondern sich ihr auch voll verpflichtet fühlen. Die alten Wortwurzeln erwecken wieder Vorstellungen vom Pflanzen: den Boden bestellen, regelmäßig bearbeiten, Frucht hervorbringen und feiern. Die Betonung liegt auf dem, was – ungeachtet der Wechselfälle des Lebens – regelmäßig wiederkehrend getan wird.

Das Wort für »Frieden« (schlamâ) ist im wesentlichen gleich mit dem, welches im ganzen Nahen Osten seit Tausenden von Jahren als Grußwort gebräuchlich ist. Darüber hinaus bedeutet es Gesundheit, Sicherheit, eine gegenseitige Übereinkunft, die eine schwierige Situation rettet, jede glückliche Zusammenkunft oder Leistung, durch die alle beteiligten Parteien in Übereinstimmung gebracht werden.

Das Wort für »Kinder« *(dawnauhie)* bezieht sich auf die Verkörperung, Emanation oder aktive Erzeugung dessen, was vorher nur als Möglichkeit vorhanden war. In den Wurzeln des Wortes *nitkarûn*, das mit »genannt werden« übersetzt wurde, klingt auch mit an, einen Kanal oder Brunnen zu graben, durch den Wasser fließen kann. So werden wir, wenn wir »Frieden pflanzen«, zu Kanälen oder Brunnen, die die Erfüllung des göttlichen Willens beschleunigen.

Körpergebet

Um für den Frieden zu beten, atme ein mit dem Klang des Wortes *schlamâ* (schlah-mah), und atme auch aus mit dem Klang *schlamâ*. Welche regelmäßige Handlung würde dein Leben friedlicher machen? Wie könnte dieses Gefühl zu einer Handlung ausgeweitet werden, die auch zum Frieden deiner Gemeinschaft beiträgt?

8. Jesus sagte:

Tubwêhûn lailên detrdep metol chenûta dilhon(hie) malkutha daschmâja

ܛܘܒܝܗܘܢ ܠܐܝܠܝܢ ܕܐܬܪܕܦܘ ܡܛܠ ܟܐܢܘܬܐ : ܕܕܝܠܗܘܢ ܗܝ ܡܠܟܘܬܐ ܕܫܡܝܐ .

(Lutherbibel: Selig sind, die um der Gerechtigkeit willen verfolgt werden; denn ihrer ist das Himmelreich.)

Segen für die, welche um einer gerechten Sache willen vertrieben werden; ihr neues Zuhause ist die Sphäre des Universums.

Gesundheit für die, die unterdrückt und auseinandergetrieben werden, weil sie sich nach einer festen Grundlage sehnen; ihr Reich wird von oben durch das Wort und von unten durch die Erde erschaffen.

Ausgerichtet auf das All-Eine sind die, die für ihr Streben nach natürlicher Festigkeit Schande auf sich ziehen; sie haben das herrschende Prinzip des Kosmos auf ihrer Seite.

Heilung für diejenigen, die an der Suche nach vollkommener Ruhe innerlich zerbrochen sind; das himmlische »ich kann« verbindet sie auf neue Weise mit dem Leben.

Eingestimmt auf die Quelle sind jene, die verfolgt werden, weil sie versuchen, das Gleichgewicht der Gesellschaft wiederherzustellen; ihnen gehört das kommende König- und Königinnenreich.

Diese Seligpreisung wurde übersetzt mit: »Selig sind, die um der Gerechtigkeit willen verfolgt werden, denn ihrer ist das Himmelreich.« Das wort *detrdep* kann auch bedeuten: getrieben, beherrscht, vertrieben, entzweit, in Skandal oder Schande gebracht werden. *Chenûta*, die Grundlage innerer Gerechtigkeit und Stabilität, ist das gleiche Wort, auf das schon in der vierten Seligpreisung Bezug genommen wurde. Die Wiederholung der Worte *malkutha daschmaja* erinnert uns an die Majestät und Kraft des Universums und an das ihm innewohnende Potential: Das *schem* oder Licht ist überall sichtbar – hab keine Angst, hinter die Grenzen dessen zu blicken, was du »Zuhause« nennst.

In dieser und der nächsten Seligpreisung zeichnet Jesu ein realistisches Bild dessen, was seine Hörer wahrscheinlich schon wußten: Die Gesellschaft tut sich schwer damit, den prophetischen Geist zu tolerieren, und man macht sich leicht Gegner damit. Jesus bedauert uns nicht, aber er fordert uns auch nicht auf, das Leiden zu suchen. Er sieht die Reaktionen der Gesellschaft in kosmischem Zusammenhang: Wenn du um der Gerechtigkeit willen vertrieben wirst, dann betrachte die ganze Erde oder das Universum als deine neue Heimat. Die Grenzen, die uns unseren Sicherheitsspielraum geben, halten uns auch von unserem nächsten Schritt ab. »Betrachte Widrigkeiten als Anregung, den nächsten Schritt zu tun«: Dies könnte die Botschaft wie auch das Körpergebet für die letzten Seligpreisungen sein.

9. Jesus sagte:

Tubwêhûn immath damhasdin l'chon waradpin l'chon wamrin elekon kul milla bischa metolath b'dagalûtha

ܛܘܒܝܟܘܢ ܐܡܬܝ ܕܡܚܤܕܝܢ ܠܟܘܢ ܘܪܕܦܝܢ ܠܟܘܢ: ܘܐܡܪܝܢ
ܥܠܝܟܘܢ ܟܠ ܡܠܐ ܒܝܫܐ ܡܛܠܬܝ ܒܕܓܠܘܬܐ.

(Lutherbibel: Selig seid ihr, wenn euch die Menschen um meinetwillen schmähen und verfolgen und reden allerlei Übles gegen euch, wenn sie damit lügen.)

Segen, wenn man sich gegen dich verschworen hat, wenn du Anstoß erregst und grundlos der Korruption beschuldigt wirst, um meinetwillen …

Gesundheit, wenn dir deine Kraft ausgesogen wird, wenn du ausgeschlossen und zu Unrecht als überflüssig abgestempelt wirst, um meinetwillen …

Erneuerung, wenn du Vorwürfe erleidest und davongejagt wirst durch das von allen Seiten kommende böse Geschrei, um meinetwillen …

Wenn du von Beleidigungen wie von einer klebrigen Decke erstickt wirst, wenn du auseinandergenommen und fälschlicherweise für unreif erklärt wirst, um meinetwillen …

Wenn du dich besudelt fühlst, verwirrt und beschämt, ohne triftigen Grund, so ist es um meinetwillen …

Diese Seligpreisung wurde übersetzt mit: »Selig seid ihr, wenn euch die Menschen um meinetwillen schmähen und verfolgen und reden allerlei Übles gegen euch, wenn sie damit lügen.« Diese Worte nehmen den vorhergehenden Gedanken wieder auf und bilden einen Übergang zum überraschenden Abschluß der letzten Seligpreisung.

Damhasdin kann bedeuten: verleumdet, angeklagt, geschädigt, verhöhnt, beleidigt werden, das Opfer einer Verschwörung sein oder der eigenen Kraft beraubt werden. In seiner Bedeutung von »Besudelung« beinhaltet das Wort die Vorstellung, mit »einer klebrigen Schicht von Schuld bedeckt zu sein«. *Radpin* ist eine andere Form des Wortes, welches in der vorhergehenden Seligpreisung für »Verfolgung« oder »Vertreibung« verwendet wurde. *Mrin* bezieht sich auf Tumult, übertriebenen Lärm und alle möglichen Ausdrucksformen, die einen zu Unrecht als *bischa* klassifizieren (siehe aramäisches Vaterunser): unreif, böse, korrupt, kindisch, überflüssig.

Diese unfreundlichen, aber realistischen Reaktionen werden wiederum durch Jesu Schlußfolgerung in einen kosmischen Zusammenhang gestellt.

10. Jesus sagte:

Haidên chadâw wa rwâzw dagarchun sgê baschmâja hakana gêr r'dapw l'nabija d'men q'damaikun.

ܗܝܕܝܢ ܚܕܘ ܘܪܘܙܘ܃ ܕܐܓܪܟܘܢ ܣܓܝ ܒܫܡܝܐ.
ܗܟܢܐ ܓܝܪ ܪܕܦܘ ܠܢܒܝܐ ܕܡܢ ܩܕܡܝܟܘܢ.

(Lutherbibel: Seid fröhlich und getrost; es wird euch im Himmel reichlich belohnt werden. Denn ebenso haben sie verfolgt die Propheten, die vor euch gewesen sind.)

Fühle dich also auf dem Gipfel und sei aufs höchste bewegt, denn dein natürlicher Reichtum, der schon im Kosmos ist, hat sich überall um dich her vervielfältigt (durch die Schläge, die dein Herz erfahren hat):

Geh aufs Äußerste in allem, was du tust, auch darin, dein Ego zu verlieren, denn hierin liegt das Geheimnis, wie du deine erweiterte Heimat im Universum wieder in Besitz nehmen kannst.

Trink einen Tropfen – oder durchtränke dich. Wohin du dich auch wendest, du wirst den Namen leuchtend eingeschrieben finden: Es ist alles die eine Schöpfung.

Denn ebenso kam Schande über die, die vor dir waren:
die Verzückten und die Inspirierten, die nach außen bringen, was der Geist ihnen eingegeben hat.

Es ist ein Kennzeichen des Prophetentums,
durch die Umstände bedrängt zu werden.

Es ist ein Kennzeichen der Propheten und Prophetinnen,
daß sie die Zwietracht um sich her intensiv wahrnehmen.

Anmerkungen zum Text

Diese letzten Zeilen wurden übersetzt mit: »Seid fröhlich und getrost; es wird euch im Himmel reichlich belohnt werden. Denn ebenso haben sie verfolgt die Propheten, die vor euch gewesen sind.« Die aramäische Version macht deutlich, daß der erste Teil dieser Übersetzung oberflächlich ist. Jesus empfiehlt nicht einfach »positives Denken« angesichts der Ungerechtigkeiten der Gesellschaft.
Die Wurzel des Wortes *chadâw* weist auf »alles Extreme, den springenden Punkt oder Gipfel einer Sache, Fröhlichkeit oder Lebendigkeit hin.« Sie beinhaltet auch die Vorstellung von einem Tropfen Wein. Die Wurzeln des folgenden Wortes, *rwâzw*, vermitteln Bilder einer inneren Bewegung vom extremen Dünnwerden, vom Trinken oder Durchtränken, von einem Strahl oder vom Atem. Nach d'Olivet bezieht sich die Wortwurzel *rz* auf einen inneren Prozeß, bei dem man zuläßt, daß das Ego »dünn« wird – ein Geheimnis der Wüstenmystiker. Die Vorstellungen vom Atem und vom Durchtränken weisen auf andere Teile desselben Prozesses hin. Kombiniert man diese Vorstellungen, so heißt das: Wenn äußerlich Vertreibung und Verfolgung geschehen, dann benutze sie, um dein inneres Gebiet zu erweitern, indem du dem *nafscha* (oder dem unbewußten Selbst) die Aufmerksamkeit zukommen läßt,

die es verdient, und zunehmend klarer wirst in bezug auf deine göttliche Aufgabe.
Die Bewußtheit des Atems (wie sie in den Körpergebeten beschrieben wird), kann einem helfen, diese innere Verbindung herzustellen. So begegnet man dem Leben mit ganzem Herzen: Man kann Dinge »bis zum Äußersten« tun und muß sich nicht dafür entschuldigen, Teil des prophetischen und mystischen Erbes zu sein, das Jesu erneuerte. Die Vorstellung von Wein in Verbindung mit ekstatischen Bewußtseinszuständen spielt in den mystischen Schulen eine wichtige Rolle. Wie wir im Vaterunser (sechste Zeile) gesehen haben, hat Jesus auch auf die befreiende Kraft des Blutes (in Gestalt des Weines) hingewiesen: Wenn ich loslasse, was ich zu sein glaube, verändert sich meine Sicht, und ich bin in der Lage, den Reichtum des Universums deutlicher wahrzunehmen.
Die Wurzeln von *dagarchun,* herkömmlich übersetzt mit »belohnt werden«, bezeichnen diesen erweiterten Sinn für natürliche Fülle, eine organische Bewegung, die sich von der Quelle aus voll entfaltet und dabei in der materiellen Existenz verankert und geerdet bleibt. Hier handelt es sich um ein weiteres Bild für die Gegenwart Gottes in allen Dingen. Das Verb *sgê*, das mit »vermehrt« oder »vergrößert« übersetzt werden kann, enthält auch die Vorstellung einer Expansion, die vom Zentrum der Fülle nach außen reicht. Wahrscheinlich bezieht sich das nicht nur auf das kosmische Zentrum, sondern auch auf ein inneres Gefühl der Fülle. Wie die amerikanische Dichterin Edna St. Vincent Millay sagt: »Die Welt kann sich nach beiden Seiten nicht weiter als das Herz ausbreiten.« Die Schläge auf das Herz werden nicht nur als persönlich schmerzhaft empfunden (wie Jesus selbst erfuhr), sondern auch als Hilfe, um offener zu werden für das Mitgefühl mit der ganzen Schöpfung.

Das Wort *nabija* im letzten Satzteil, das mit »Propheten« übersetzt wurde, leitet sich von einer Wortwurzel ab, die auf göttliche Inspiration oder auf inspiriertes Reden hinweist, auch auf Ekstase oder Verzückung von einer Art, die in der Welt Früchte trägt. Dieses Wort für Prophezeiung, welches in der Heiligen Schrift häufig verwendet wird, meint das Handeln aus dem Geist, der einen beseelt. Jesus bestätigt, daß hierin für die Gesellschaft notwendigerweise eine Herausforderung oder Störung liegt, da wir die Armen und Ausgestoßenen in unserer Mitte nicht übersehen können. Im Gegensatz zu der Übersetzung »seid fröhlich und getrost« täuscht er auch nicht über die Schwierigkeiten hinweg, die im Weg des Prophetentums eingeschlossen liegen. Der Schluß der Seligpreisungen schlägt im Aramäischen eine etwas bittere, aber tiefere Note an, als uns vom Griechischen übermittelt wird. Darin wird anerkannt, daß ein bestimmtes Maß an Entmutigung natürlich ist und eine Mahnung für uns sein kann, uns zur Erneuerung nach innen zu wenden, damit wir als Mitschöpfer des Himmels auf Erden tätig werden können.

Die Seligpreisungen (eine Neuübersetzung aus dem Aramäischen)

Im Einklang mit der Quelle sind jene, die leben, indem sie Einheit atmen; ihr »ich kann« ist in dem von Gott enthalten.

Gesegnet sind jene, deren Gefühle aufgewühlt sind; sie werden innen durch Liebe vereint werden.

Gesund sind diejenigen, die das Harte in sich weich gemacht haben; ihnen wird aus dem Universum Lebenskraft und Stärke zuteil werden.

Selig sind, die hungern und dürsten nach physischer Gerechtigkeit; sie werden umgeben sein von dem, was sie zum Erhalt ihres Körpers brauchen.

Gesegnet sind, die aus ihrem inneren Schoß Gnade gebären; sie werden sich von ihr umhüllt fühlen.

Ausgerichtet auf das All-Eine sind diejenigen, deren Leben von einem Kern der Liebe ausstrahlt; sie werden Gott überall erkennen.

Gesegnet sind die, die zu jeder Jahreszeit Frieden pflanzen; sie werden die Kinder Gottes genannt werden.

Segen für die, welche um einer gerechten Sache willen vertrieben werden; ihr neues Zuhause ist die Sphäre des Universums.

Erneuerung, wenn du Vorwürfe erleidest und davongejagt wirst durch das von allen Seiten kommende böse Geschrei, um meinetwillen …

Geh aufs Äußerste in allem, was du tust, auch darin, dein Ego zu verlieren, denn hier liegt das Geheimnis, wie du deine erweiterte Heimat im Universum wieder in Besitz nehmen kannst.

Denn ebenso kam Schande über die, die vor dir waren:
die Verzückten und die Inspirierten, die nach außen bringen,
was der Geist ihnen eingegeben hat.

ANDERE AUSSPRÜCHE

1

Und einer von ihnen, ein Schriftgelehrter, versuchte ihn und fragte: Meister, welches ist das höchste Gebot im Gesetz? Jesus aber antwortete ihm: »Du sollst den Herrn, deinen Gott, lieben von ganzem Herzen, von ganzer Seele und von ganzem Gemüt.« Dies ist das höchste und größte Gebot. Das andere aber ist dem gleich: »Du sollst deinen Nächsten lieben wie dich selbst.«

(Matthäus 22:35–39, Lutherbibel)

Jesus sagte:

Detrahm l'marja Alahak
men kuleh lebak
wa men kuleh nafschak
wa men kuleh hailak
wa men kuleh rewhianak …
Detrahm lakrijbak aik nafschak.

ܕܬܪܚܡ ܠܡܪܝܐ

ܐܠܗܟ ܡܢ ܟܠܗ ܠܒܟ: ܘܡܢ ܟܠܗ ܢܦܫܟ: ܘܡܢ ܟܠܗ ܚܝܠܟ: ܘܡܢ ܟܠܗ
ܪܥܝܢܟ

ܕܬܪܚܡ ܠܩܪܝܒܟ ܐܝܟ ܢܦܫܟ.

Jesus sagte:

Aus der Tiefe deiner selbst laß Liebe entstehen für die Strahlen des Einen, die dich umgeben …

Laß sie aus deinem ganzen Herzen kommen – dem Zentrum deines Lebens, deiner Leidenschaft, deines Mutes, deiner Kühnheit – und laß sie dein ganzes Unbewußtes berühren – jenen instinktiven Teil deiner Seele, der sich verstreut, um sich wieder zu versammeln.

Aus dem Selbst heraus befreie deine natürliche Energie und Lebenskraft, so daß sie deinen habgierigen Verstand mit Liebe durchfluten.

Dies ist das wichtigste Gebot, die erste schöpferische Bewegung, die alle anderen in Kraft setzt. Das zweite Gebot ist ähnlich:

Tu einen Atemzug des Mitgefühls für denjenigen, der auf geheimnisvolle Weise in deine Nähe gezogen wird: Liebe diesen Freund, wie du das Selbst liebst, das in dir wohnt – das Unbewußte, das du manchmal als getrennt von dir und störend empfindest.

Das Wort *marja*, das meist zusammen mit *âlaha* gebraucht und mit »Herr« oder »Gott, der Herr« übersetzt wird, stammt von der Wortwurzel *mar* ab, die das elementare aufsteigende Prinzip bezeichnet, das scheint, leuchtet und alle Dinge erwärmt. Wenn wir unsere Augen öffnen, sehen wir um uns herum, wie das Licht des All-Einen die gesamte materielle Schöpfung durchdringt. Wir sind dazu bestimmt, Gott nicht getrennt von der Welt zu lieben, sondern das Eine in allem zu sehen.
Das Wort für »Herz«, *lebak*, stammt aus einer Wortwurzel, die Leidenschaft, Mut, Kühnheit und Lebenskraft bezeichnet, buchstäblich das Herz oder Zentrum unseres Lebens. Die alte Wortwurzel enthält das Bild einer inneren Schöpfung, die sich vom Zentrum nach außen erstreckt (siehe auch die Erläuterung zur sechsten Seligpreisung).
Jesus sagte: Dehne dich vom Herzen her aus, um das ganze *nafschak* zu umfassen. Das aramäische Wort *nafscha* ist ein Schlüsselwort, das sich sowohl im hebräischen *nefesch* als auch im arabischen *nafs* wiederfindet. Es wird in den verschiedenen Übersetzungen von Jesu Worten aus dem Griechischen manchmal mit »Seele«, manchmal auch mit »Selbst« übersetzt. Dies hat zu viel unnötiger Verwirrung geführt, die durch das Aramäische aufgeklärt werden kann.
Nafscha könnte das »unbewußte« oder »instinktive« Selbst genannt werden. In der Psychologie der nahöstlichen Mystik wurde dieses Selbst als das kleine »Ich« oder »Ego« angesehen, das seine potentielle Erfüllung in der Zusammenarbeit mit Gott findet – dem »Ich bin, was ich bin«. Das *nafscha* kann auf unterschiedliche Weise beschrieben werden. Manche seiner Teile können sich wie »Nachbarn« anfühlen: die, welche

in unsere Nähe gezogen wurden, ohne zu unserer Familie zu gehören. Andere Teile arbeiten vielleicht direkt mit dem göttlichen Licht *(schem)* und der göttlichen Führung *(malkutha)* zusammen. Das ganze Vorhaben der Existenz dient dem Zweck, die verschiedenen Teile der *nafscha* in bereitwilliger Zusammenarbeit mit der Quelle – *abwûn* – zu vereinen.

Indem wir das Selbst lieben, anstatt es zurückzuweisen, setzen wir unsere gesamte instinktive Lebensenergie frei, das *haila* (siehe auch die Erläuterung zur letzten Zeile des Vaterunsers). Diese Energie kann dann aufsteigen, um den ganzen Geist zu durchfluten. In diesem Fall benutzt Jesus das Wort *rewhianak,* dessen Wortwurzeln sich auf den niederen Geist beziehen, welcher sich anklammert, Dinge ansammelt und die Schmerzen und Ängste der materiellen Existenz erleidet.

In seiner Aussage über das höchste Gebot (von der Wortwurzel *rab,* der Bewegung, die alles Nachfolgende erschafft), wählte Jesus einen Ausdruck, der alle Elemente des im Nahen Osten bekannten mystischen Gesetzes der Manifestation miteinschließt: Indem man die Einheit bedingungslos liebt, innen wie außen, erzeugt man Liebe aus dem Herzen und bringt mehr und mehr *nafscha* in Gottes Licht. Die dabei frei werdende Energie klärt Gefühle und Ziele im Leben. Aus der klarer werdenden Absicht folgen klarere Gedanken und – konsequenterweise – klarere Handlungen. Auf solche Weise ist, indem wir Gott *genug* lieben, alles getan.

Jesus fügte den zweiten Teil des Gebotes hinzu, für den Fall, daß seine Zuhörer nicht verständen, wie die *nafscha* (oder das Selbst) sich auch im Äußeren spiegelt. Das Wort, das normalerweise mit »Nachbar« übersetzt wird, meint jene, die unerklärlicherweise in unsere Nähe gezogen wurden, um mit uns zu leben. Die Wortwurzeln des Wortes *lakrijbak* enthüllen ein

Prinzip, das in der nahöstlichen Mystik bezeichnet wird als die den Teilen innewohnende Tendenz, sich zusammenzuschließen, so wie Pflanzen, Tiere und Menschen den Drang haben, Bündnisse einzugehen oder wenigstens Gruppen zu bilden. Manchmal entscheiden sich Menschen bewußt, aus Zuneigung heraus miteinander zu leben. Es gibt aber auch Zeiten, da kommt man auf eher mysteriöse Weise zusammen, ohne erkennen zu können, warum.

Jesus vergleicht dies mit der Zusammenarbeit der *nafscha.* Indem man die inneren »Bewohner« vereinigt, wird man zunehmend auch verantwortlich für diejenigen, die um einen herum leben. Anders ausgedrückt: Es gibt keinen besseren Beweis für die innere spirituelle Arbeit als die entsprechende Aktion in der Gemeinschaft. Wie Jesus an anderer Stelle sagt: »Nehmt an, ein Baum ist gut, so wird auch seine Frucht gut sein; oder nehmt an, ein Baum ist faul, so wird auch seine Frucht faul sein. Denn an der Frucht erkennt man den Baum.« (Matthäus 12:33)

Auf diese innere Arbeit fällt mehr Licht durch die Sufis, eine mystische Schule, die aus den verschiedenen Gruppen von Wüstenasketen entstanden ist, welche Jesus vorangingen und nachfolgten. Die traditionellen Lehrer einiger Sufi-Orden datieren die Entstehung des Sufismus noch vor die Errichtung der etablierten Religionen im Nahen Osten. Ihrer Ansicht nach hat der Sufismus durch Geheimhaltung und durch ein bestimmtes Maß von Anpassung an die äußeren Formen überlebt. Innerhalb des Sufismus gibt es eine umfangreiche Wissenschaft von den *nafs,* worin die verschiedenen Stufen der Evolution des Unbewußten aufgezeigt wird – vom Tier über das Fastmenschliche und Vollmenschliche bis hin zum Göttlichen.

Es scheint eine Übereinstimmung zu geben zwischen diesen Stufen und dem Grad der körperlichen, emotionalen und geistigen Beweglichkeit in bezug auf den Willen Gottes. Wenn Gottes Licht in die sogenannte Dunkelheit eindringt, vergrößert sich die Liebe und die spirituelle Freude im Alltagsleben. Schließlich verschwindet die Teilung zwischen Selbst und Gott: Es stellt sich heraus, daß das Selbst nichts anderes ist als die Seele selbst, ein Strahl des göttlichen Lichtes, das niemals geboren wird und niemals stirbt. Dies ist der Zustand, in dem der Mystiker mit Meister Eckhart sagen kann: »Ich sehe jetzt, daß die Augen, durch die ich Gott sehe, die Augen sind, durch die Gott mich sieht.«

2

Jesus sagte:

»Liebt eure Feinde.«

(Lukas 6:27, 35, Lutherbibel)

Jesus sagte:

Ahebw labwheldbabaichun.

ܐܚܒܘ ܠܒܥܠܕܒܒܝܟܘܢ:

Jesus sagte:

Von einem verborgenen Platz aus
vereinige dich innerlich mit deinen Feinden,
fülle die innere Leere, durch die sie äußerlich
aufgebläht und aus dem Rhythmus gekommen sind:
Anstatt flüssig Schritt für Schritt vorwärtszuschreiten,
setzen sie in der Bewegung ruckhaft an
und brechen sie ruckhaft ab –
ohne in Übereinstimmung mit dir zu sein.

Bringe dich selbst zurück zu deinem inneren Rhythmus.
Finde die Bewegung, die mit der ihren übereinstimmt,
so wie zwei Liebende Leben aus dem Staub erschaffen.
Tu diese Arbeit im geheimen, so daß sie es nicht merken.
Diese Liebe ist schöpferisch, sie rührt keine Emotionen auf.

Das Wort *ahebw* (Wortwurzel *hab)*, das hier für »Liebe« steht, unterscheidet sich stark von *rahm,* welches im vorhergehenden Ausspruch benutzt wurde. Hierin liegt nicht der Atem von Mitgefühl und Erbarmen, sondern eine noch geheimnisvollere, unpersönliche Kraft, die im geheimen wirkt und unterschiedliche Wesen zusammenführt, um neues Leben zu erschaffen. Die Wortwurzel kann sich auf das Säen von Samen beziehen, auf eine sexuelle Beziehung oder auch auf sprießendes Korn. Diese Wortwurzel war in der gesamten Mystik des Nahen Ostens gebräuchlich und hat überlebt in dem berühmten Sufi-Ausspruch: *Mahabud lillah,* »Gott ist der Empfänger und der Spender der Liebe und die Liebe selbst«.

Das Wort für »Feind«, *bwheldbabaichun* vermittelt die Vorstellung von einem Wesen, das aus dem Rhythmus gekommen ist und sich sprunghaft und ruckweise vorwärtsbewegt. Dies entspricht dem aramäischen Bild von »Unrecht«. (Vergleiche die Erläuterung über das »Böse« – *bischa* – zur siebenten Zeile des Vaterunsers). Die Wortwurzeln deuten auch auf jemanden, dessen eigene innere Leere, Hohlheit und Gedankenlosigkeit dazu führte, daß er äußerlich angeschwollen ist wie eine Beule. Die Wesensmerkmale des »Feindes« ergeben sich aus der Beziehung zum Subjekt, d. h. unser Feind ist unrhythmisch, ruckhaft, leer und aufgeblasen in Beziehung zu uns. Der Feind einer Nation oder der Erde weist diese Eigenschaften in bezug auf eine weit größere Sphäre auf.

Mit dieser einfachen Aussage vermittelt Jesus uns das mystische Gesetz von Beziehungen. Willst du mit anderen Leuten auskommen, dann finde den Rhythmus, der mit ihrem übereinstimmt, und bringe beide Rhythmen in Harmonie miteinander. Suche in dir das, was ihre innere Leere ausfüllen kann, und sprich diese Seite in ihnen an. Jesu Aussage fordert dich dagegen nicht auf, »nett« zu einem Feind zu sein oder dich von ihm mit Füßen treten zu lassen.

3

Jesus sagte:

»Wenn ihr den Vater um etwas bitten werdet in meinem Namen, wird er's euch geben. Bisher habt ihr um nichts gebeten in meinem Namen. Bittet, so werdet ihr nehmen, daß eure Freude vollkommen sei.«

(Johannes 16:23–24, Lutherbibel)

Jesus sagte:

D'kul merem detheschalûn l'abi b'schemi
netel l'kun ...

Schalam watesbwûn
detehwê had wath'chon m'schamlaja.

ܕܟܠ ܡܕܡ ܕܬܫܐܠܘܢ ܠܐܒܝ ܒܫܡܝ ܢܬܠ ܠܟܘܢ.

ܫܐܠܘ ܘܬܣܒܘܢ ܕܬܗܘܐ ܚܕܘܬܟܘܢ ܡܫܡܠܝܐ.*

Jesus sagte:

Alle Dinge, um die du geradeheraus und direkt bittest,
die du anstrebst wie ein Pfeil sein Ziel,
wie Vögel ihren Wasserplatz

– vom atmenden Leben in allem, Vater-Mutter des Kosmos,

mit meinem *schem,*
meiner Erfahrung,
meinem Licht und Klang,
meiner Atmosphäre, meinem Wort:
aus dem Inneren meines Namens –

wirst du bekommen.

Bis jetzt hast du das nicht getan.

Deshalb bitte ohne verborgene Motive, und
du wirst umringt sein von der Antwort –
eingehüllt von dem, was du dir wünschst –,
auf daß dein Glück vollständig sei,
auf daß die Freude über das Erreichte
sich fortsetzen möge bis zur Vollendung in Einheit,
auf daß das Tierleben in dir
seinen Geliebten im Kosmos finde.

In dem Wort für »bitten«, *detheschalûn*, klingt an, sich in gerader Linie fortzubewegen, bzw. auf direkte Weise etwas zu erbitten. Die alten Wortwurzeln zeigen das Bild eines Vogelschwarms, der auf eine Wasserstelle zufliegt – er nähert sich direkt und ohne Umschweife.

Das Wort *b'schemi* beruht auf dem gleichen *schem,* das in der ersten Zeile des Vaterunsers auftaucht. Daß dieser Ausdruck ausschließlich mit »in meinem Namen« übersetzt worden ist, ohne seine anderen Bedeutungen miteinzubeziehen, gehört zur Tragik beschränkter Übersetzung. Dies hat dazu geführt, daß anstatt des Kerns von Jesu Lehren ihre Schale geehrt worden ist. Das Wort *tesbwûn*, welches mit »nehmen« oder »bekommen« übersetzt wurde, basiert auf der gleichen Wortwurzel wie das in der vierten Seligpreisung verwendete: befriedigt, eingehüllt, umgeben oder umarmt sein von dem, wonach man verlangt.

Genau wie am Schluß der Seligpreisungen bedeutet das Wort *had,* das mit »Freude« übersetzt wurde, auch ein Gipfelerlebnis; die Erfahrung, ein Ziel erreicht, ein Verlangen erfüllt zu haben. Jesus gebraucht hier das Wort *m'schamlaja* und sagt uns damit, daß wir zulassen sollen, daß dieses Gefühl der Erfüllung sich vollständig entfaltet. Die Wortwurzel beinhaltet u. a. die Vorstellung, eine Geschichte bis zu ihrem natürlichen Ende zu bringen. Jesus sagt, wir sollen erlauben, daß unsere schmerzlichen Erfahrungen (vergleiche den Schluß der Seligpreisungen) genauso im größeren Leben des Universums ihre Vervollständigung finden wie unsere Gipfelerlebnisse: das Gefühl, vollkommen lebendig zu sein.

Literaturhinweise

Black, Matthew: Die Muttersprache Jesu. Kohlhammer, Stuttgart 1982

Die Bibel, nach der Übersetzung von Martin Luther. Deutsche Bibelgesellschaft, Stuttgart 1985

Errico, Rocco A.: The Ancient Aramaic Prayer of Jesus. Science of Mind, Los Angeles 1978

–: Let There Be Light: The Seven Keys. Devorss & Co., Marina del Rey, Ca., 1985

–: und Bazzi, Michael J.: Classical Aramaic, Assyrian-Chaldean Dialect, Elementary Book 1. Noorah Foundation, Irvine, Cal., 1989

Douglas-Klotz, Neil: Tanzen mit dem aramäischen Jesus – das Vaterunser. Deutsche Übersetzung in Vorb., Information von der Übersetzerin G. Onnen (vgl. übernächste Seite)

Fabre d'Olivet, Antoine: La Langue hebraique restituée. Paris (Auteur), 1815/16. Engl. Ausgabe: The Hebraic Tongue Restored. Putnam, London & New York 1921

Fox, Matthew: Der große Segen. Umarmt von der Schöpfung. Claudius Verlag, München 1991

–: Vision vom Kosmischen Christus. Aufbruch ins dritte Jahrtausend. Kreuz Verlag, Stuttgart 1991

Gwilliam, G. H.: Peshitta Version of the Gospels. Clarendon, Oxford 1901

Jeremias, Joachim: Die Botschaft Jesu vom Vater. Calwer Verlag, Stuttgart 1968

Lamsa, George M.: Die Evangelien in aramäischer Sicht. Neuer Johannes Verlag, Lugano, o. J.

–: Ursprung des Neuen Testaments. Neuer Johannes Verlag,

Lugano 1988. Engl. Ausgabe: New Testament Origin. Aramaic Bible Center, San Antonio 1976

–: The Holy Bible from Ancient Eastern Manuscipts. Holman, Philadelphia 1935

Robinson, Theodore H.: Paradigma and Exercises in Syriac Grammar. Clarendon, Oxford 1962

Whisch, Henry F.: Clavis Syriaca: A Key to the Ancient Syriac Version Called »Peshitta«, of the Four Holy Gospels. George Bell & Sons, London 1883

Nützliche Adressen

Quellen zum Erlernen der aramäischen Grammatik sowie andere Abhandlungen von Rocco Errico sind erhältlich bei:

Noohra Foundation, 18022 Cowan Street, Suite 100-B,
Irvine, CA 92 714, USA.

Eine Kassette von Neil Douglas-Klotz mit der Aussprache des aramäischen Vaterunsers und der Seligpreisungen (mit Musikbegleitung), die sich zum Singen und zur Meditation eignet, ist erhältlich bei:

»Tänze des Universellen Friedens« –
Netzwerk der deutschsprachigen Länder (NdL),
Kontaktadresse: Tänze des Universellen Friedens
Sekretariat Ruth Jäger
Straße am Schoelerpark 26
10715 Berlin
Telefon + Fax 0 30 / 86 39 94 36
(auch Informationen über Seminare, Veranstaltungen usw. zum Thema).

Die Kontaktadresse für USA ist:

Center for the Dances of Universal Peace,
P.O. Box 626, Fairfax, CA 94930, USA.

Nicola Waddington

Aura-Soma – Die Heilkraft der Quintessenzen und Pomander

Die 14 Quintessenzen und 15 Pomander von Aura-Soma sind eine Brücke zur Heilkraft der Farbstrahlen. Sie bringen Licht in Bereiche, wo Lebensfreude und Gesundheit durch körperliches oder seelisches Leid beeinträchtigt sind. Ein Standardwerk zu Farben und ihren Wirkungen.

Deepak Chopra

Die Körperseele

Deepak Chopra hat für jeden Körpertypus auf der Basis der Maharishi-Ayurveda-Medizin ein eigenes Programm entwickelt. Mit vielen praktischen Übungen erhalten Sie grundlegende Einblicke in die indische Medizin für ein Leben im Einklang mit der Natur.

Knaur MensSana

Hildegard von Bingen

Hildegard-Heilkunde von A bis Z.

Alles, was Sie wissen müssen, um Krankheiten erfolgreich zu behandeln – besonders in chronischen Fällen. Der Autor, der heute als *der* Experte für die Hildegard-Heilkunde gilt, macht mit den Grundlagen dieser Therapie-Form und den verschiedenen Heilverfahren vertraut.

Wolfgang Höhn

Heilfasten mit Früchten

Dieses Buch versetzt Sie in die Lage, Ihren Organismus auf entspannte Weise zu entgiften und lästige Pfunde mit Lust und guter Laune einzuschmelzen. Denn Früchte schenken echte Gaumenfreuden und lassen keine Gedanken an Selbstkasteiung aufkommen.